Regine Hildebrandt

Herz mit Schnauze

Sprüche und Einsprüche

*Herausgegeben von
Frauke und Elske Hildebrandt
und Roswitha Köppel*

Econ Taschenbuch

Econ Taschenbücher erscheinen im Ullstein Taschenbuchverlag,
einem Unternehmen der
Econ Ullstein List Verlag GmbH & Co. KG, München

3. Auflage 2001
© by Econ Ullstein List Verlag GmbH & Co. KG, München
© 1997 by Econ Verlag Düsseldorf – München

Umschlagkonzept: Büro Meyer & Schmidt, München – Jorge Schmidt
Umschlaggestaltung: Init GmbH, Bielefeld
Titelabbildung: dpa
Druck und Bindearbeiten: Ebner Ulm
Printed in Germany
ISBN 3-548-75092-3

Inhalt

Politik

Politische Wirklichkeit 9
Solidarität 14
Ihr Politikstil 15
Präsidentin? 19
Politiker 21
Bonn 23
Brandenburg 24

Parteien

Parteienmüdigkeit 29
Blockflöten 31
CDU/FDP 31
PDS 33
SPD und Bürgerbewegungen 34

Osten

Früher 36
Konfrontation Ost – West 41
Aussichten 55

Arbeitslosigkeit

Misere 58

Mißbrauch 61
Und trotzdem 62
Visionen. 64

Frauen
Frauen in der DDR. 67
Frauen und Beruf 69
Paragraph 218 75
Gleichberechtigung 78
Zur Familienunterstützung 79

Regine Hildebrandt über sich
Kindheit und Jugend 80
Charakter 85
Äußeres 89
Stimme und Reden 91
Engagement. 94
Motive für ihr Engagement 96
Krebs 98
Popularität 102
Alltag 105
Hobbys 108
Hobbyalphabet 111

Regine Hildebrandt und die Familie
Familie und Freunde über sie 134
Zur eigenen Familie 148
Ehe 153
Kinder 157
Feste und gemeinsame Freizeit 159
Gewohnheiten 163
Zuwenig Zeit 164

Regine Hildebrandt über alles
Fragebögen 166

Zu bekannten Personen 178
Zum Brandenburger Kabinett 184
Eigeninitiative. 185
Gemeinschaft 186
Ehe und Beziehungen 187
Fernsehen 188
Rauchen und Trinken 189
Singen 190
Humorlosigkeit 190
Wahrheit 191
Hoffnung, Glauben 191

Noch mehr Briefe 193

Schlagworte und Meinungen 197

»Meine Mutter hat immer Bismarck zitiert:
Politik verdirbt den Charakter.«

Politik

Politische Wirklichkeit

»Gerade nach zwei Tagen Landtagssitzung zweifelt man manchmal am Sinn der Politik!«
(Brief an Frau L. vom 23. 5. 1996)

»Ich habe mich gefreut, von Euch zu hören! Bloß zum Antworten bin ich nicht gekommen. Aber heute sitze ich im Landtag – da kann ich nebenbei schreiben.«
(Brief an Frau B. vom 22. 5. 1996)

»Es gibt 'ne Menge Bürokraten. Und Sie wissen ja: Ein Mensch bekommt Schuldgefühle, wenn er Menschen verletzt – aber ein Bürokrat kriegt nur Schuldgefühle, wenn er Vorschriften verletzt.«
(*H.-D. Schütt:* Regine Hildebrandt: Bloß nicht aufgeben, Berlin 1992)

»Die Bürokratie ist es, die die investitionswilligen Leute zur Weißglut treibt.«
(Vortrag und Diskussion bei der Urania Berlin, 20. 3. 1996)

»Ich wünsche Ihnen, daß Sie nicht an den Lügen der CDU ersticken, sondern die Maßstäbe in sich haben, die Ihnen helfen können. Allerdings macht mir die aktive Politikgestaltung auch immer wieder die objektiven Grenzen der Gestaltungsmöglichkeiten deutlich.«
(Brief an Frau M. vom 24. 1. 1996)

»Wenn sie eine Koalition haben, müssen sie Kompromisse eingehen. Und je mehr Gruppierungen jetzt zusammenkommen, die dann eine Politik machen, um so mehr hab' ich den Eindruck, wird es dann ein allgemeiner Eintopf, wo sich zum Schluß keiner mehr wiederfindet.«
(*Deutschlandfunk,* Zwischentöne, 6. 2. 1994)

»Alle sagen, es muß gespart werden, aber jeder sagt dann: Bei mir nicht. Wer die stärksten Nerven hat, bleibt verschont«, erzählt sie über ihre Erfahrungen aus den Verhandlungen über das Gesundheitskostenstrukturgesetz mit Bundesminister Norbert Blüm.
(*Wochenschau,* Leck, 21. 2. 1996)

»Die Sparpolitik des Bundes wird in erster Linie auf dem Rücken der sozial Benachteiligten und Schwachen vollzogen. (...) Die Folgen heißen nicht Einigung, nicht Sammlung für gemeinsame Ziele, sondern soziale Spaltung und Zersetzung, Verunsicherung und Lähmung auf der einen Seite, wachsende Selbstsucht und Rücksichtslosigkeit auf der anderen. (...) Schnell mit dem Rücken an die Wand, wer auch immer dabei auf der Strecke bleibt.«
(*Rat und Tat,* Zeitung des Berliner Roten Kreuzes, April 1994)

»Ich kann Ihnen eine Unmenge von Briefen zeigen, in denen mir alte Leute ihr Lebensschicksal schildern – das ganze Leben gearbeitet und immer angeschmiert, und jetzt zum Schluß noch einmal. Es ist unzumutbar, daß man eine Million Menschen mit Ach und Krach oberhalb des Sozialhilfeniveaus hält.«
(*Der Spiegel*, Mai 1990)

»Die Verantwortlichen in Bonn mögen Demonstrationen, an denen Hunderttausende von Menschen teilnehmen, mit einer zynischen Geste beiseite wischen. Es gibt aber einen Punkt, der ihnen ungeheuer wichtig ist: Sie möchten gern wiedergewählt werden.«
(*Junge Kirche*, Oktober 1996)

»Ich bin ja diejenige, die immer wieder Finanzierungshilfen fordert. Deshalb bin ich ja schon als Pleitegeier verschrien, der immer nur schwarze Wolken malt. Wir müssen endlich zur Kenntnis nehmen, wie es wirklich ist. Entweder, die Finanziers kommen jetzt in der Bundesrepublik aus dem Knick, oder die Nachfolgekosten sind höher als das, was sie jetz' rüberreichen müssen.«
(*Neue Zeit*, August 1990)

»Da liegt der große Fehler der Bundesregierung, die jetzt dran ist, daß sie die Lasten wirklich falsch verteilt. Die Frage ist immer, wie man, wenn man das Machbare macht, die Lasten verteilt, wie man die Ressourcen verteilt. Und ich glaube, wenn man auf diesem Gebiet, auch unter den jetzigen Verhältnissen, für das Machbare andere Prioritäten setzen würde, dann würden wir irgendwie besser klarkommen.«
(*Deutschlandfunk*, Zwischentöne, 6. 2. 1994)

»Es ist doch nicht einzusehen, daß nach bundesdeutschem Recht zwar die Kosten für ein Dienstmädchen steuerlich absetzbar sind, nicht aber der Elternbeitrag für eine Kita.«
(*Neues Deutschland,* März 1991)

»Man hat den Eindruck, in diesem Sozialstaat ist nichts mehr heilig. Dinge, für die man jahrzehntelang gekämpft hat, fallen einfach weg – ohne daß jemand aufmuckt.«
(*Neue Rheinzeitung,* 20. 4. 1995)

Die resolute Politikerin schimpft laut über die Kohl-Regierung: »Haben Sie schon vergessen, was alles an Kürzungen, Einsparungen und Steuererhöhungen gekommen ist? Lassen Sie sich nicht einlullen von den blöden Allgemeinplätzen der Kohl-Regierung!«
(*dpa,* 31. 8. 1994)

»Ich bin kein Anhänger jener Lobby, die da meint, die Altbundesrepublik habe die Pflicht, uns in den Wohlstand zu führen. Das wäre eine Unverschämtheit. Es sind Hunderte Millionen Mark für vielerlei Maßnahmen rübergekommen, es gab sehr frühzeitig eine sehr partnerschaftliche Hilfe zwischen den Ressorts. Doch man muß aus heutiger Sicht sagen, es war zu wenig. Die Kosten der Einheit auf jährlich 100 Milliarden Mark zu veranschlagen ist wohl realistischer, als weiter mit falschen Zahlen zur Beruhigung der Steuerzahler zu jonglieren. Dieses historische Ereignis für'n Appel und 'n Ei haben zu wollen ist genauso eine Unverschämtheit.«
(*Tribüne,* September 1990)

Zum Einigungsvertrag:

»All das, was wir wollten und was wir festgeschrieben haben und was nicht bloß die SPD wollte – sondern (das ist das Koalitionspapier!) die CDU und die SPD –, das ist weg, das haben wir nicht geschafft. Das ist systematisch den Bach runtergegangen.«
(*Plus 3*, 25. 6. 1991)

»Mit Ost und West werden wir in dieser Gesellschaft schon klarkommen. Schwieriger wird es mit ›oben‹ und ›unten‹. Wir reden über jeden Schnickschnack und verlieren dabei die großen Gemeinheiten aus dem Blick.«
(*Westdeutsche Zeitung,* 20. 4. 1995)

»Viele Westdeutsche wissen es nur noch nicht: Der Klotz am Bein der deutschen Wohlstandsgesellschaft sind nicht die bedürftigen Ostdeutschen, die ihren Brüdern und Schwestern angeblich die Haare vom Kopf zu fressen drohen, der Klotz am Bein sind geistige und politische Unbeweglichkeit.«
(*R. Hildebrandt:* Wer sich nicht bewegt, hat schon verloren, Bonn 1996)

»Man muß seinen Vorteil suchen, sonst ist man nicht pfiffig in dieser Gesellschaft.« Der Kluge sei derjenige, der am Schluß überhaupt keine Steuern mehr zahle, dabei brauche der Staat doch das Steuergeld, unter anderem für die so wichtigen Sozialleistungen.
(*Langenhagener Woche,* 29. 11. 1995)

»Je besser es den Menschen geht, desto stärker erleben wir eine Entsolidarisierung unter ihnen.«
(*Hannoversche Allgemeine Zeitung,* 24. 11. 1995)

Solidarität

»Ich will, daß nicht jeder nur in seiner Wohnung und vor seiner Tür kehrt, sondern auch im gemeinsamen Treppenhaus.«
(*Saarbrücker Zeitung*, 8. 12. 1994)

»Wenn die gesellschaftlichen Verhältnisse den Egoismus zu einem systemimmanenten Bestandteil machen, das ist im Moment mein Problem, dann wird's eben bitter. Wenn ich von morgens bis abends damit konfrontiert werde, zu meinen finanziellen Gunsten irgendwelche Entscheidungen zu treffen, wenn ich tausend legale Steuertricks anwenden muß – na, wo soll denn da der klare Kopf fürs eigentliche Leben herkommen? Bei jedem Paket, das ich schicke, denke ich sofort an die Quittung und daß ich's von der Steuer absetzen kann. Vor allem und jedem steht ein Preis. Jeder rechnet, ob er in sein Wohnzimmer nicht noch 'nen Schreibtisch hinstellen und den auch noch von der Steuer absetzen kann. Und dann kommt unsereins und predigt von Zuwendung? Die Menschen werden antisolidarisch erzogen. Das ist nicht gut. Man wird zu sehr dazu erzogen, seinen Vorteil zu suchen, bei allen Dingen, die im alltäglichen Leben anstehen.«
(*H.-D. Schütt:* Regine Hildebrandt: Bloß nicht aufgeben, Berlin 1992)

Frage: »Was ist das wichtigste für Sie derzeit in der Sozialpolitik?«
Antwort: »Die Einstellung der Gesellschaft zur sozialen Gerechtigkeit. Ich habe den Eindruck, daß das völlig schiefläuft. Die soziale Gerechtigkeit wird in Frage gestellt, und das in Zeiten finanzieller Schwierigkeiten und großer Massenarbeitslosigkeit. Auch zum Teil aus

taktischen Gründen wird der soziale Mißbrauch diskutiert. Und dabei auch argumentativ in eine Größenord-
nung gebracht, die ihm überhaupt nicht zukommt. Auf
der Grundlage dieser Mißbrauchsdiskussion steigt die
Bereitschaft der breiten Bevölkerung, in Einschnitte ins
soziale Netz mit einzustimmen. Das ist die fatalste Entwicklung überhaupt.«
(*Wochenblatt Singen,* 7. 2. 1996)

»Ja, das Miteinander-Reden, das Einander-zur-Kennt-
nis-Nehmen, das Sich-Kümmern, das ist so wichtig und
war unter Ostverhältnissen im Rahmen der äußeren
Bedingungen leicht und ist jetzt sehr, sehr schwer. Die
Gesellschaft driftet auseinander. Die Reichen leben auf
einem anderen Planeten!«
(Brief an Frau E. vom 20. 6. 1993)

»Danke für die nette Gratulation zum Heinemann-Bür-
gerpreis. Gerade dieser Preis für ›Bürgersinn‹ und Zivil-
courage ist für mich eine besondere Freude. (. . .) Von dem
guten ›Bürgersinn‹ brauchen wir überall noch viel mehr.«
(Brief an Herrn D. vom 25. 5. 1993)

Ihr Politikstil

»Meine Mutter hat immer Bismarck zitiert: Politik verdirbt den Charakter.«
(Gespräch mit Dr. I. Volk, Herbst 1993)

Auf die Frage »Interessiert Sie Politik überhaupt?« ant-
wortet sie ohne Zögern: »Eigentlich nicht.«
(*Der Tagesspiegel,* 7. 10. 1993)

»Ich interessiere mich nicht für Politik, nur für Menschen und ihre Schicksale.«
(*Rheinische Post,* 20. 4. 1995)

Frage: »Lieben Sie Wahlkampf?«
Antwort: »Überhaupt nicht. Mit den Leuten sprechen, na selbstverständlich. Das mache ich doch immer. Aber dem politischen Gegner ständig gegen das Schienbein zu kloppen – das ist nicht mein Fall.«
(*Thüringer Allgemeine,* 22. 12. 1993)

Bemerkung: »Von Kritikern werden Sie ab und zu als konzeptionslos bezeichnet.«
Antwort: »Ich halte das für völligen Stuß... (erklärt laut Konzept fürs Gesundheitswesen)... Das sind doch revolutionäre Ideen – und das ist so herrlich, wenn ausgerechnet die Typen, die so was immer bremsen, von Konzeptionslosigkeit reden!«
(*Potsdamer Neueste Nachrichten,* 2. 9. 1992)

Frage: »Manche Westpolitiker meinen: Diese Frau ist nicht politikfähig. Ärgert Sie so etwas?«
Antwort: »Überhaupt nicht. Ich kann da nur sagen, es wird wohl so sein, daß ich überhaupt nicht politikfähig bin. Ich will ja auch überhaupt nicht große Politik machen.«
(*Sächsische Zeitung,* 30. 10. 1992)

»Politik geschieht schon gar nicht dort, wo man sich den Hintern plattsitzt.«
(*Südkurier,* 3. 2. 1996)

»Ich gucke gerne aufs Detail. Detail ist für mich der Mensch. Die Einzelschicksale sind für mich kolossal interessant.«
(*ORB,* Jahresrückblick 1995)

»Mir liegt eigentlich an Begegnungen mit Menschen, Diskussionen und Problemberatungen vor Ort viel mehr als an Parlamentsdebatten und hochkarätigen Konferenzen. (...) Und das Erklären von Beweggründen ist oftmals genauso wichtig wie das Fällen einer politischen Entscheidung.«
(Brief an Frau H. vom 10. 10. 1993)

»Ich werde nie vergessen, daß hinter nackten Ziffern Einzelschicksale stehen. Ein gewisser Schutz davor ist allein die Tatsache, daß ich mit Menschen rede, viel lieber, als daß ich Akten lese, Berichte studiere und am Schreibtisch hocke.«
(*Klartext,* November 1990)

»Ich drohe nicht, sondern ich möchte stimulieren, nämlich auf westlicher Seite; und ich möchte motivieren, auf östlicher Seite. Drohen will ich überhaupt nicht.«
(*Der Spiegel,* Mai 1990)

»Wir versuchen, gegen diesen Strom der Massenarbeitslosigkeit Zeichen zu setzen. Solange wir zeigen können, daß dies geht, so lange ist es sinnvoll. Eine Grenze ist da für mich als Mensch nicht gegeben, für mich als Politikerin schon. Wenn alles nur noch Psychologie ist und ich nichts mehr bewegen kann, na, dann hör' ich doch mit der Politik auf und geh' lieber wieder nach Hause.«
(*Neue Zeit,* 2. 10. 1993)

»Herzlichen Dank für die schönen Fotos vom Spielplatz. Dafür halte ich gerne Vorträge, daß hinterher Spielplätze entstehen.«
(Brief an Frau H. vom 22. 5. 1993)

»Es muß alles zügiger gehen. Es darf nicht so sein, daß die Sachen eben automatisch immer ’ne Weile abruhen, bis man überhaupt erst dran arbeitet. Sondern wir müssen die Zeit, die zur Bearbeitung nötig ist, die müssen wir haben. Und mehr nich’.«
(*Radio Brandenburg,* Markt kontrovers, 19. 10. 1993)

»Ich weiß, daß es Leute gibt, denen gesunder Menschenverstand zu simpel oder gar suspekt ist. Ich bin aber überzeugt, daß ein Politiker eine gehörige Menge davon braucht, mehr, als mancher zu haben scheint. Ich meine damit, daß er das Leben der Menschen, die ihm sein Amt anvertraut haben, nicht nur von außen kennen muß, daß er ihre Sorgen teilen kann, schlicht: daß er Lebenserfahrung gesammelt und sie nicht wieder vergessen hat.«
(*R. Hildebrandt:* Was ich denke, München 1994)

Moderatorin: »So, den (einen großen Amethyst) schenke ich Ihnen jetzt als Talisman!«

R. H.: »Das sind jetzt wirklich keine Privilegien, nein? Keine Vergünstigungen?«

Moderatorin: »Nein. Das dürfen Sie annehmen.«

R. H.: »Und teuer isser auch nicht. Dis weiß ich, dis kann ich beurteilen.«

Moderatorin: »Teuer ist er auch nicht! Das ist ja wohl ’ne Frechheit! Ich schenk’ Ihnen was, und Sie sagen, wie teuer das war!«

R. H.: »So teuer ist er nicht! Ich muß doch als Politikerin immer sehen: Übersteigt das die Anstandsgrenze? Aber der tut’s nicht.«
(*WDR,* b.trifft, 1995)

Frage: »Was ist das häufigste Lob in Ihrem Amt?«
Antwort: »Daß ich den Menschen Mut mache.«

Frage: »Was ist die häufigste Beschimpfung?«
Antwort: »Na, das ist so was wie Nervensäge – und das geht
ja noch. Oder was haben wir denn da noch? Investi-
tionsschreckschraube – wie finden Sie 'n dis? Aber die
Dinger kommen alle aus'm Westen komischerweise.«
(Talk-Show in der Klinik Bad Trissl, 18. 2. 1994)

»Und mit dem Einsatz für die kleinen Leute – das bleibt
so! Daran wird sich deswegen nichts ändern, weil das
für mich das Wesen der Politik ist!«
(Brief an Frau B. vom 24. 6. 1993)

Präsidentin?

Günter Grass: »Daß Sie meine Wunschkandidatin werden,
kann ich begründen: Weil Sie den Mund aufmachen,
weil Sie...«
R. H.: »Der Bundespräsident muß ihn doch gerade zuma-
chen.«
(Manuskript des Gespräches mit Günter Grass, August
1993)

Brief an Regine Hildebrandt: »Ich vertrete den Standpunkt,
daß Frau Hildebrandt in das höchste Amt unseres Landes zu delegieren ist. (...) Nun meine Bitte: Würden Sie
so mutig und so freundlich sein, uns konspirativ einige
Hinweise zu geben, wie wir dieses Anliegen auf dem
Wege eines Offizial-Anliegens einleiten können...«
Antwort: »Ich habe mich sehr über Ihre Worte gefreut, aber
ich möchte Ihnen doch keine konspirativen Tips
geben, wie ich in höchste Ämter komme – ich möchte
es wirklich nicht. Ich brauche den Kontakt zu den
Menschen und den Programmrealisierungen, die wir
ermöglichen. Am liebsten würde ich praktisch dabei-

sein. Aber ›dichte bei‹ muß ich immer sein. Und das kann ich weder als ›Kanzlerin‹ noch als ›Präsidentin‹.«
(Brief an Herrn F. vom 23. 4. 1993)

Frage: »Leuchtet da an Ihrem Himmel nicht der Posten des Premierministers in Berlin-Brandenburg?«
Antwort: »Nee also, dit is' ja wieder typisch! Wissen Se, das ist die neue Strategie der Talk-Shows. Beim MDR sollte ich Königin werden! Nee, ick sage mir: Schuster, bleib bei deinen Leisten! Und ick bin also schon hoch genug, wenn ich's mal so sagen darf. Mir reicht's völlig!«
(*ORB*, Babelsberg LIVE, 18. 1. 1995)

»Vielen herzlichen Dank für Ihren Brief (...) mit Ihrer Bitte, nicht Bundespräsidentin zu werden. Da kann ich Sie völlig beruhigen! Ich sehe es genauso wie Sie, daß ich dann das Maul halten müßte – und das kann ich nicht und will ich nicht! Ich bleibe so dicht wie möglich an der Praxis!«
(Brief an Herrn H. vom 29. 9. 1993)

Die Hildebrandt mit der großen Klappe und dem noch größeren Herzen sagt auch, woher ihre ganze Kraft kommt und warum sie nie als Bundespräsidentin kandidieren würde (was Günter Grass vorschlug): »Ick brauch' die Nähe zu den Leuten. Meine Kraft krieg' ick daher, daß ick im Lande unterwegs bin. Und nicht dadurch, daß ick Königinnen empfange.«
(*Sonntagspost*, 14. 3. 1993)

Politiker

Frage: »Halten Sie Politik für ein unsauberes Geschäft?«
Antwort: »Ich kenne unter den Bundestagsabgeordneten so viele redliche, bemühte Leute, daß ich denke, es muß nicht so sein.«
(Interview für *Neue Zeit,* Juli 1993)

»Wenn bei uns in Sachsen-Anhalt drei Minister mehr beziehen, als ihnen zukommt, durch die Umrechnerei Ost – West und Aufschläge usw., dann ist allen klar, daß natürlich die Politiker sich wieder die Taschen vollhauen. Daß es natürlich nicht drei Minister gibt, sondern daß es Hunderte von Ministern in Deutschland gibt, von denen nicht die Rede ist, weil sie sich nämlich ganz ordnungsgemäß verhalten, das wird dabei vergessen. Ich sah neulich so 'ne blöde Überschrift ›Tochter erschießt Mutter‹ in einer von diesen Krawallzeitungen, und dis ist für mich immer so 'n schönes Beispiel. Wenn man diese Zeitung liest, kommt man nicht nach Hause und sagt: Na siehste mal, die Töchter erschießen alle ihre Mütter! Sondern da guckt man um sich und stellt fest: Det leben ja noch 'ne Menge Mütter, die Töchter haben, also muß dis wohl 'n Einzelfall sein. Und genau diese Überlegung, habe ich den Eindruck, wird bei den Politikern überhaupt nicht gemacht. Wenn man da sieht, daß drei sich die Taschen vollgehauen haben, ist klar, daß alle sich die Taschen vollhauen. Man muß das einfach mal relativieren können.«
(*Deutschlandfunk,* Zwischentöne, 6. 2. 1994)

»Ich freue mich genauso wie Sie über junge Menschen, die in Entwicklungsländer gehen, um dort zu helfen. Aber wir haben auch viele, viele Menschen, auch unter

den Politikern, die keine Vorteile aus ihrem Job haben, die sich hier für das Gemeinwohl einsetzen!«
(Brief an Herrn G. vom 3. 9. 1993)

»Wichtig ist für mich, daß klar wird, wie kompliziert Demokratie ist, wie viele Kenntnisse über die Probleme man haben muß, um einigermaßen richtig urteilen zu können bei Lösungsansätzen – und wie wichtig es ist, sich ernsthaft einzumischen, Verantwortung trotz aller Schwierigkeiten zu übernehmen – in Zukunft!«
(Brief an Frau G. vom 25. 5. 1993)

»Ich bin immer etwas erschrocken, wie enttäuscht und resigniert auf der ganzen Linie Menschen wie Sie sich äußern. Irgendwie bleibt an allen Politikern, allen Bemühungen nichts Gutes. Ich weiß auch nicht, wie man trotz aller Schwierigkeiten konstruktiver sein kann – aber es ist unbedingt nötig! Es kann doch nicht so weitergehen, daß wir uns gemeinsam – Politiker und Politikmüde – die Demokratie kaputtmachen! Ich gebe mir große Mühe!«
(Brief an Herrn G. vom 26. 10. 1993)

»Ich gebe die Hoffnung nicht auf, daß Menschen wie Sie mit so pampigen Äußerungen (...) doch noch zu beeinflussen sind. Es kann doch nicht sein, daß Sie mit mir so umgehen, wie Sie es mit keinem Menschen Ihres Umfeldes tun – denke ich doch! Aber bei einer Politikerin oder einer Person der Öffentlichkeit ist das offenbar üblich. Das geht doch nicht!«
(Brief an Frau G. vom 12. 7. 1994)

»Weil ich immer nicht so richtig durchsehe, was auf dem nationalen und internationalen Parkett vor sich geht, hat mich Dein Dank als scheidender Minister völ-

lig überrascht! Du hast sicher mitgekriegt, daß ich Dich
außerordentlich schätze und natürlich schrecklich gerne noch viele Jahre gemeinsam auf Fachministerebene
Politik gemacht hätte. Das sollst Du wissen!«
(Brief an Ullrich Galle, Minister für Arbeit, Soziales,
Familie und Gesundheit des Landes Rheinland-Pfalz
vom 16. 11. 1994)

»Der Blüm redet genauso wie ich, oder ich rede wie
Blüm. Aber er müßte die Rahmenbedingungen schaf-
fen. Das ist der Unterschied.«
(*Rheinische Post,* 20. 4. 1995)

»Nich' normal findet sie es auch, daß Helmut Kohl es
offensichtlich zum zweiten Mal schafft, den Auf-
schwung zu versprechen, und zum zweiten Mal glauben ihm die Leute. Das nenne ich bescheuert.«
(*Süddeutsche Zeitung,* 9. 9. 1994)

Bonn

»Bonn – dit macht mich irre. Für die is' die Welt noch in
Ordnung, die haben uns noch jar nich' wahrjenommen.«
(*Märkische Oderzeitung,* 21. 5. 1993)

»Ich komme gerade aus Bonn, deswegen bin ich heute
wieder besonders allergisiert. Sie wandeln dort durch
gepflegte Gärten um all die hübschen Niederlassungen
der einzelnen Länder, alles ist in bester Ordnung, im
Prinzip brauchen sie nur noch Mittagessen zu gehen,
und der Fall ist erledigt.«
(*TAZ* 3384, 18. 4. 1991)

»Meine Klappe bewirkt durchaus was, bei uns vielleicht mehr als in Bonn!«
(*Kieler Nachrichten,* 31. 1. 1994)

»Ich will nicht nach Bonn gehen. Ich kann es auch gar nicht. Da hätt' ich nicht meine Wurzeln. Und demzufolge hätt' ich da auch nicht die Kraft.«
(*Schülerzeitung Mpi,* 1. Gymnasium Berlin-Mitte, September 1993)

»Das Problem ist, daß Bonn so weit ist. In Berlin wäre die Regierung hautnah dran. Dann würde auch der Kanzler mitkriegen, daß zwar Sachen beschlossen, aber nicht umgesetzt werden.«
(*Stern,* März 1991)

»Für die Ostler ist Bonn ohnehin katastrophal, die werden da alle schwermütig. Sie kommen in eine heile Welt, funktionierende Stadt, alles schön angestrichen – und da wird Politik für Ostdeutschland gemacht.«
(*Kieler Nachrichten,* 31. 11. 1994)

Brandenburg

»Ich will dafür sorgen, daß uns morgen in Brandenburg nicht nur Golfbälle um die Ohren fliegen.«
(*Neue Berliner Illustrierte,* 27. 12. 1990)

»Die Brandenburger sind ein sehr bodenständiger Schlag, wir singen ja auch immer ›Märkische Heide, märkischer Sand‹ und so weiter. Nein, im Ernst, die Menschen fühlen sich in ihrer vertrauten Umgebung am wohlsten und wollen gar nicht weg.«
(*gp-magazin,* 16. 6. 1994)

Regine Hildebrandt in ihrem Arbeitszimmer zu Hause in Berlin

»Wir müssen das Land insgesamt fördern, nicht nur die Bevölkerungsschwerpunkte. Das fällt natürlich schwer. Wenn jemand nach Berlin zur Investition am liebsten ins Zentrum kommen würde, wenn er jenug billigen Raum kriegen würde – was er nicht kriegt! –, und denn kommen Sie und sagen: Ach, wollten Sie nicht zufällig nach Wittenberge? Oder nach Premnitz inne Prignitz? Dann sagt der: Wo ist denn dieses? Führt da überhaupt 'ne Straße hin?«
(Vortrag und Diskussion bei der Urania Berlin, 20.3. 1996)

Frage: »Wieviel Prozent wollen Sie bei den Landtagswahlen im Herbst erreichen?«
Antwort: »Wir, na Mensch, die absolute Mehrheit. Das ist unser festes Ziel. Was meinen Sie, was wir sonst für ein Theater kriegen!«
(*Berliner Kurier*, 13. 6. 1994)

»Berlin-Brandenburg ist eine tolle Region, die nicht nur in Richtung Osteuropa, sondern weltweit konkurrenzfähig sein könnte. Na, sagen wir mal erst europaweit und dann weltweit, daß es sich nicht so nach Aktueller Kamera anhört!«
(*ORB,* Babelsberg LIVE, 18. 1. 1995)

Frage: »Warum wollen Sie eigentlich mit Berlin zusammengehen? Die haben kein Geld, gar nix. Machen Sie doch lieber 'nen anständigen Freistaat Brandenburg!«
Antwort: »Nanu, das soll wohl heißen, von Sachsen lernen heißt siegen lernen, wa? Nee!«
(*ORB,* Babelsberg LIVE, 18. 1. 1995)

Zur Fusion Berlin-Brandenburg:
R. H.: »Offiziell haben wir ein konditioniertes Ja: Wir wollen es, aber die Bedingungen müssen so gestaltet sein, daß die Brandenburger nicht zu kurz kommen. Und daran fummeln wir jetzt gerade.«
Moderator: »Die Berliner dürfen aber auch nicht zu kurz kommen!«
R. H.: »Na, da hab' ich immer keine Angst, wissen Se. Das liegt in der Natur der Sache, daß die Berliner selten zu kurz kommen.«
Moderator: »Wieso?«
R. H.: »Na, das is' so 'n Menschenschlag, ich kenn's ja von mir, die den Mund immer an der richtigen Stelle haben, also ihre Interessen durchaus artikulieren können, und die demzufolge auch die nötige Durchsetzungskraft haben, um nicht zu kurz zu kommen – eigentlich schon immer.«
(*Deutschlandfunk,* Zwischentöne, 6. 2. 1994)

»Berlin ist nicht mehr die Fieberstadt der zwanziger Jahre, zwar wieder Adlon, aber keine Dietrich. Berlin ist

26

nicht mehr Hauptstadt der DDR, nicht mehr Frontstadt, kein Mekka für irgendwen. Die Völker der Welt schauen gerade woandershin. «
(Für *Berliner Zeitung* zu Berlin-Brandenburg, 15.12. 1994)

»Abschließend möchte ich mit Ihrer Erlaubnis, Herr Präsident, Erich Kästner zitieren, und wünsche uns allen, daß sein modernes Märchen wahr wird: ›Sie waren so sehr ineinander verliebt, wie es das nur noch in Büchern gibt. Sie hatte kein Geld. Und er hatte keins. Da machten sie Hochzeit und lachten sich eins.‹«
(Rede vor dem Landtag zur Berlin-Brandenburg-Fusion, 21.6.1995)

»Machen wir doch mal folgendes, was ja ganz unüblich ist – es ist keine Wahlveranstaltung! Wer von Ihnen ist denn für Berlin-Brandenburg? Heben Sie doch mal die Hand! – Na ja, na dit sieht ja janz jut aus. Herzlichen Dank! Damit brauch' ich ja die Einleitung nicht so lang zu machen. (...) Ich mach' das gerne, wenn man irgendwo ist, daß man überhaupt erst mal fragt: Wie stehen denn die Aktien? Weil man sich ja dann mit seinen Ausführungen drauf einstellen kann.«
(Vortrag und Diskussion bei der Urania Berlin, 20.3. 1996)

Als Berufsoptimistin hat Ministerin Hildebrandt »noch bis zum Schluß« gedacht, die Brandenburger würden alle Skeptiker Lügen strafen und ihr Bauchgrimmen überwinden. Nichts da, der Funke Hoffnung erlischt kurz nach achtzehn Uhr, bei Hildebrandt mutiert die Trauer zu heftigem Ärger über die PDS – über ihre Brandenburger darf sie sich ja nicht ärgern. Die PDS,

schimpft sie, »hat sich voll mit ihrem Hintern draufge-
setzt mit ihrem Gefühlsstau«, den die Märker wohl
empfunden haben.
(*Der Tagesspiegel*, 6. 5. 1996)

»Die einzje, die jegloobt hat, daß wir dit schaffen, war
am Schluß nur noch icke.«
(*dpa*, 5. 5. 1996)

> *»Politik und Parteien waren für
> mich als Berliner Nachkriegskind
> geprägt durch Personen:
> Ernst Reuter, Willy Brandt ...«*

Parteien

Parteienmüdigkeit

»Nach vierzig Jahren DDR wollen die Leute hier im
Osten von Parteien und Massenorganisationen nichts
mehr wissen. Vom Kindergarten bis zum Altersheim
wurden sie ständig genötigt, sich zu politisieren, das
hängt ihnen zum Hals raus. Überall sollten sie eintreten, jetzt wollen sie in nichts mehr sein, bestenfalls
noch im Anglerverein.«
(*Wochenpost*, 6. 2. 1995)

»Eines aber war für mich klar: Wenn überhaupt Partei,
dann die SPD. Da kam nie etwas anderes in Frage. Aber
ob überhaupt Partei – die Frage hätte ich immer mit
Nein beantwortet. Und mir fällt's wie gesagt schwer,
Leute reinzuholen und zu werben, weil ich genau weiß:
Denen geht's wie mir. Wenn die nur ›Partei‹ hören, wird
ihnen schon schlecht.«
(Manuskript des Gespräches mit Günter Grass, August
1993)

»Ich habe eine Parteienphobie, wenn ich's mal so sagen
darf. Wenn man in der DDR gelebt hat und die SED mit-

gekriegt hat, die die Partei schlechthin war – also da hat keiner gefragt: Ist der in der SED?, sondern: Ist der in der Partei? – also der Begriff Partei ist sozusagen identisch mit der SED. Da ist es dann einfach so, daß einem Partei suspekt wird, da möchte man nicht rein. Deswegen war uns auch klar: Bürgerbewegung ist eigentlich das, was uns adäquat ist. Ich sehe aber ein, daß man Parteien braucht. Man braucht kalkulierbare, programmatisch orientierte Gruppierungen, die dann auch mehrheitsfähig oder durchsetzungsfähig sind. Deswegen war es die Einsicht in die Notwendigkeit, kurz und knapp, in die SPD einzutreten.«
(*Deutschlandfunk*, Zwischentöne, 6. 2. 1994)

»Ich bin auch heute noch der Meinung, daß die kleinen Gruppierungen für lokale Dinge durchaus günstig sind. Aber auf Bundesebene kann ich sie mir nach wie vor nicht vorstellen. Und ich habe auch ein bißchen Angst vor der Zersplitterung in die Statt-Parteien.«
(*Deutschlandfunk*, Zwischentöne, 6. 2. 1994)

»Ja, es ist für die Bürgerinnen und Bürger verunsichernd, wenn die unterschiedlichen Parteien gegenseitig nicht nur aus Sachgründen beängstigende Szenarien in die Öffentlichkeit bringen. Aber schweigen kann man auch nicht, wenn Gemeinheiten vorbereitet werden! Der Mittelweg ist das richtige.«
(Brief an Herrn H. vom 19. 4. 1996)

»Wenn Ihnen keine Partei gefällt, dann gucken Sie bei den Parteien hin, wo das geringste Übel ist. Falsch aber ist es, gar nicht wählen zu gehen.«
(*Freie Presse*, Chemnitz, 17. 5. 1993)

Blockflöten

»Wir hatten nicht nur die SED, deren Nachfolger die PDS jetzt ist, wir hatten auch die CDU, die LDPD und NDPD der DDR, die Blockfritzen hier. Diese Blockparteien sind nahtlos von CDU und FDP übernommen worden. Offensichtlich ging man davon aus, daß sich die Blockparteien kollektiv gewandelt haben, während die Wandlung von SED-Genossen in der PDS völlig ausgeschlossen wird. Und das finde ich unmöglich!«
(*Saarbrücker Zeitung*, 8. 12. 1994)

»... außerdem muß immer wieder darauf hingewiesen werden, daß Kohl die gesamte Ost-CDU, die ›Blockflöten‹, mit Haut und Haar geschluckt hat: über 100 000 ›neue‹ Mitglieder in der West-CDU aus der Blockpartei! Unfaßbar!«
(Brief an Herrn T. vom 26. 9. 1994)

»Die CDU gehörte schließlich zu den Blockflöten im Konzert der SED und verbot sich deshalb für uns als evangelische Christen von selbst. Sie hat sich ja erst in der letzten Zeit zu einer akzeptablen Partei entwickelt.«
(*Für Dich*, Juni 1990)

CDU/FDP

»Ich sitze gerade im Landtag, es ist manchmal schon ziemlich belastend, weil der ›Brandenburger Weg‹ dem unerträglichen Politikstil Bonner Prägung bei der CDU gewichen ist.«
(Brief an Frau G. vom 24. 1. 1996)

Brief an Regine Hildebrandt: »Auch einige gegen die CDU gerichtete Plänkeleien Ihrerseits konnten nicht darüber hinwegtäuschen, daß Sie Ihren Hauptgegner in der PDS sehen.«

Antwort: »Es ist völlig absurd: Ich hätte gegen die CDU geplänkelt, der Hauptgegner sei die PDS! Ich bitte Sie! Meine Ausführungen, meine ganze Politik sind gegen die CDU gerichtet, einzig und alleine! Wenn wir sie ändern wollen, diese miese Politik, brauchen wir Mehrheiten. Die verhindert u. U. die PDS, und das ist mein Problem mit der PDS! Der inhaltliche Gegner ist die CDU. Alles andere ist abwegig.«
(Brief an Frau G. vom 17. 10. 1994)

»Im Moment haben wir Ärger. Die CDU benutzt haushaltstechnische Mängel in meiner Gesundheitsabteilung, um meine Politik zu diskreditieren. (...) Na, da werd' ich ja munter!«
(Brief an Familie T. vom 21. 5. 1995)

»Herzlichen Dank für Ihren Brief, in dem Sie mir Mut machen, der z. T. üblen Vorgehensweise der CDU gegen meine Politik zu widerstehen und nicht zu resignieren. Das tue ich nicht! Sie brauchen keine Angst zu haben! Ich hoffe auch sehr, daß Sie in Zukunft im ORB fairere Diskussionen hören werden. Ich schreibe Ihnen aus der Landtagssitzung – und gerade eben hat der Präsident ausdrücklich die Angriffe unter die Gürtellinie für den Landtag abgelehnt. Alle haben geklatscht, nur die CDU nicht!«
(Brief an Herrn R. vom 28. 8. 1996)

»Daß die FDP jetzt weg ist, war das einzig Positive an der Wahl.«
(Brief an Frau G. vom 26. 10. 1995)

»Der unselige Talk im Turm: Besonders Rexrodt hat mich schwach gemacht: Diese FDP-Leier Wirtschaft-Wirtschaft-Wirtschaft!«
(Brief an Frau P. vom 3. 11. 1995)

PDS

»Die SPD muß immer wieder aufs neue klarmachen, daß sie eine deutliche Ostpolitik macht, während die PDS das schon durch ihre pure Existenz macht.«
(Jusos Niederrhein, 16. 10. 1994)

»Die 10 % SED-Rest-Partei enthält viele gute Reformgenossen, die ich am liebsten in der SPD hätte.«
(Brief an Frau K. vom 19. 5. 1994)

»Wenn Sie sagen, daß die PDS für unsere Leute am meisten erreicht, dann ist das schlicht falsch! Wo denn? Bitte sehen Sie doch genauer hin: Worte, Propaganda (Wahlkampfplakate: ›Arbeit für alle‹, PDS, ›Wohnungen müssen bezahlbar sein‹, PDS) – das können sie genausowenig wie wir unter diesen Verhältnissen! Das Menschenmögliche machen wir, die SPD!«
(Brief an Frau H. vom 13. 12. 1993)

»Wir haben eine Konstellation, die in Deutschland schon öfter verheerend gewirkt hat: eine gespaltene Arbeiterklasse – so haben wir das auch in der Ostschule gelernt.«
(Jusos Niederrhein, 16. 10. 1994)

SPD und Bürgerbewegungen

»Politik und Parteien waren für mich als Berliner Nach-
kriegskind geprägt durch Personen: Ernst Reuter, Willy
Brandt... Das waren Sozialdemokraten, die machten
Politik, die ich (aus der Ferne) akzeptierte: für soziale
Gerechtigkeit, für Teilhabe aller Bürger am gesellschaftlichen Leben. Dabei zeichneten sie sich durch Bürger-
nähe und Kenntnis der Praxis aus. Sie wußten, ›wo uns
der Schuh drückt‹, und äußerten sich dazu. Und zwar
so, daß sie verstanden wurden. Sie sprachen die Sprache
der Leute in der Stadt, und sie standen als Person mit
ihrem Lebenslauf für den demokratischen Rechtsstaat
und das Wesen der Sozialdemokratie. Während der
Wende war für mich klar: Wenn überhaupt eine Partei,
dann nur die SPD.«
(Gespräch am 15. 11. 1996)

»Im Neuen Forum beispielsweise waren Menschen aus
den unterschiedlichsten Schichten und mit den unterschiedlichsten Zielvorstellungen, von enttäuschten
Genossen bis zum Anarchisten oder dem traditionellen
Oppositionellen. Sie wußten alle, wogegen sie sind, sie
wußten bloß nicht, wofür sie sind. Dieser Punkt hat sie
offensichtlich blind gemacht gegenüber dem, was sie
erwarten konnten, als dann ›Wir sind das Volk‹ in ›Wir
sind ein Volk‹ überging und sie mit dem Beitritt – den
Begriff kann ich heute noch nicht verkraften – in einen
neuen Verein eingetreten sind.«
(Vortrag im Landeskrankenhaus Merzig, 11. 5. 1994)

»Ich habe erlebt, daß die unterschiedlichsten Men-
schen in 'ner Bürgerbewegung sich versammelt haben.
Sie wußten alle, wogegen sie waren, nämlich gegen die
DDR. Da waren sie sich auch einig, da waren sie auch

34

stark, da waren sie groß, da waren sie wirkungsvoll. Aber in dem Moment, wo sie sich einigen sollten, wofür sie denn nun wären, da ging die Diskutiererei los, da kam man dann nicht zu einem vernünftigen Ergebnis und wurde unproduktiv.«
(*Deutschlandfunk,* Zwischentöne, 6. 2. 1994)

Frage: »Wie wollen Sie die Menschen dann überzeugen, in Ihre Partei einzutreten?«
Antwort: »Sie müssen ja nicht unbedingt gleich eintreten. Mein Mann und ich haben 1989 auch nicht gerufen: Hurra, jetzt marschiern wir mit der SPD-Fahne zum Ersten Mai. Wir waren erst in der Bürgerbewegung Demokratie Jetzt und sind nur aus Einsicht in die Notwendigkeit in die SPD gegangen. Der Begriff Partei ist genauso negativ besetzt, aber zu den politischen Inhalten der SPD stehe ich.«
(*Wochenpost,* 6. 2. 1995)

35

> *»Irgendwie habe ich immer das Gefühl*
> *gehabt, daß man da, wo man*
> *hingestellt ist, auch was machen muß.«*

Osten

Früher

»Normalerweise sind für mich Mitläufer ganz traurige Phänomene.«
(*Deutscher Fernsehfunk,* Zur Person, 16. 9. 1991)

»Wir haben unter dieser Mauer – weiß der Himmel – gelitten. Meine Tante, die uns nach 45, als wir ausgebombt waren, eben besonders geholfen hatte, die mich auch besonders ins Herz geschlossen hatte und mich benäht hat und so weiter, liegt denn in Westberlin im Sterben, und Sie sitzen auf der Ostseite und Sie könnten hin. Sie könnten in einer halben Stunde dort sein. Und Sie dürfen es nicht und Sie erleben sie nicht mehr. Sie stirbt Ihnen. Und Sie können sich dann zwanzig Jahre hinterher das Grab angucken ... Dann erlebt man eine solche ohnmächtige Wut, ... daß man das nie wieder vergißt.«
(*Badische Zeitung,* 18. 4. 1994)

»Dieses Eingemauert-Sein hat uns so belastet, daß es eine übergroße Bedeutung bekam. Meine Kinder sind letztes Wochenende nach Schweden gefahren, sie hat-

ten nur kurz Zeit, früh los, in der Nacht zurück. Früher sind wir doch nach Rügen gefahren und haben uns die Ostsee angeguckt, und wenn man dann irgendwo im Nebel die Schwedenfähre gesehen hat, das war ein Aufschrei, und alle strömten hin, um die Schwedenfähre im Dunst zu sehen. Das war ein Schritt in Richtung Freiheit. Der Gedanke, man könnte damit fahren, wenn man Rentner ist, war die Seligkeit schlechthin.«
(*TAZ*, 10. 5. 1993)

»Wer informiert Sie über mich? Wer malt das Bild der Heulboje/Zimtziege? So wird Politik gemacht. In vielen Unterhaltungen, Artikeln, Büchern (sogar!) habe ich versucht, meinen Abscheu gegenüber dem Ostsystem, die Anerkennung der Hilfe, die Freude über die neuen Möglichkeiten für meine Kinder z. B. (die Jüngste hätte im Osten kein Abitur machen können) deutlich zu machen. Das nehmen Sie nicht zur Kenntnis! Nur meine Kritik – konstruktiv!«
(Brief an Herrn G. vom 30. 1. 1995)

»Herzlichen Dank für Ihren Brief (...). Bitte registrieren Sie doch erst mal, daß ich nicht mal in den Pionieren und in der FDJ war, meine Kinder auch nicht, daß mein Mann wegen Befehlsverweigerung als Bausoldat im Knast gesessen hat, wir nie zur Wahl gegangen sind usw. Wir waren keine ›real existierenden Sozialisten‹! Und trotzdem habe ich diese meine Anmerkungen zur ›DDR-Vergangenheit‹! Ich lehne und lehnte Bevormundung, Bespitzelung und Einmauerung ab! Trotzdem gab es Positives! Bitte differenzierter sehen.«
(Brief an Herrn H. vom 23. 1. 1995)

»Der Segen von Orden und Ehrenzeichen, der zu allen möglichen Anlässen aus Füllhörnern über die DDR-Bür-

ger ausgeschüttet wurde, hat mir Auszeichnungen und Lobeshymnen bis an mein Lebensende entbehrlich gemacht.«
(*R. Hildebrandt:* Was ich denke, München 1994)

»Und in der DDR war es in der Regel so, daß bei regelmäßigen Auszeichnungstagen eine solche Fülle von Auszeichnungen unters Volk gebracht wurden, daß im Neuen Deutschland mehrere Seiten dicht gedruckt mit ausgezeichneten Bürgern erschienen.«
(*Flensburger Tageblatt,* 19. 3. 1994)

»Die Wohnungen waren so selten und so begehrt, daß man froh war, wenn man überhaupt eine hatte. Und da wohnte der Werkdirektor eine Etage höher oder tiefer als die Reinigungsfrau, und sie hatten am Wochenende die AWG-Flure (Arbeiterwohnungsbaugesellschaft) und die Treppenhäuser sauberzumachen, immer abwechselnd, die Frau vom Werkdirektor und die Putzfrau aus dem Betrieb. Das übt, sage ich Ihnen, das übt sehr im Zusammenspiel, man kennt sich, man weiß voneinander. Da gibt es keine großen Unterschiede.«
(Referat vor der Evangelisch-lutherischen Landeskirche in Braunschweig, 23. 1. 1995)

Frage: »Als Betriebsleiterin in einem Chemiewerk mußten Sie doch sicher auch Schulungsabende abhalten?«
Antwort: »Nee, in der Chemie ist das alles anders gelaufen. Sie müssen sich überlegen, unter den Bedingungen, unter denen dort gearbeitet wurde, da war erst mal die Hauptsache, daß dit funktioniert, verstehen Se? Und dann kam 'ne Weile nischt. Und dann kam die Frage: Ist sie denn eigentlich in der Gewerkschaft? Und nu' war ick nich' inner Gewerkschaft. Also dann konnt' ich nu' auch nich' Aktivist werden. Aber dort sind wir nicht

weiter behelligt worden. Ich hatte keine Schwierigkeiten. Wir hatten die meiste Zeit noch nicht mal jemanden aus der Partei in der Abteilung. Dit war einfach nett.«
(*Deutschlandfunk,* Zwischentöne, 6. 2. 1994)

»Früher war das Wort noch was wert, wir haben gelesen. Zwischen den Zeilen etwas gegen die DDR zu finden war eine tolle Sache. Nur wegen eines Satzes im dritten Akt, der bei der Zensur durchrutschte, sind die Menschen in die Volksbühne geströmt.«
(*Kieler Nachrichten,* 31. 1. 1994)

»Ob man Kollektiv sagt, Team oder Mitmenschlichkeit – man hat sich in der DDR umeinander gekümmert. Immer mal wieder hat jemand ein Schwein am Spieß gegrillt, die Kinder waren da, und alle konnten mitreden.«
(*Freiburger Zeitung/Badische Zeitung,* 16. 4. 1994)

»Zu den Festen in unserem Garten kamen alle, die Lust zum Feiern hatten, zur Kunstausstellung nach Dresden fuhren die Putzfrau und die Abteilungsleiterin selbstverständlich im gleichen Abteil, und beim Betriebssportfest traten Forschungsdirektor und angelernter Arbeiter gegeneinander an. So ging es, glaube ich, in den meisten Betrieben zu. Und ich weigere mich auch heute noch, den Wert von Menschen nach ihrem Beruf, ihrer Bildung, ihrer Position, ihrer Tarifgruppe, ihrem Kontostand oder ihrem Wohnkomfort zu beurteilen. Ich achte nützliche Tätigkeit, egal, ob sie allgemein als respektabel gilt oder ob jemand die Nase darüber rümpft.«
(*R. Hildebrandt:* Was ich denke, München 1994)

»Wenn Sie also bei uns zu Hause aus dem Fenster geguckt haben, waren Sie mit dem Kopf im Westen und mit dem Hintern im Osten.«
(*SZ-Magazin,* 9. 12. 1994)

»In der DDR gab es unterhalb der politisch gewollten Ideologie mehr Solidarität als heute in diesem Land.«
(*AfH,* Spiekeroog, 22. 8. 1995)

»Wir sind nie auf die Idee gekommen abzuhauen. Weil wir dachten: Da gehören wir hin, da bleiben wir. Wir haben auch die Entwicklung Westberlins erlebt und gedacht: Das ist ja nun auch nicht das Gelbe vom Ei!«
(*Deutschlandfunk,* Zwischentöne, 6. 2. 1994)

»Irgendwie habe ich immer das Gefühl gehabt, daß man da, wo man hingestellt ist, auch was machen muß.«
(*SFB,* Mal ehrlich, 16. 6. 1995)

»In der Schule wurde gelehrt, Kapitalismus ist Not und Elend, Kellerwohnung und Arbeitslosigkeit und Kinder gehen ohne Frühstück und ohne Strümpfe zur Schule, und das gehörte zu unserem Witzprogramm zu Hause. Ich habe ganze Bücher gefüllt mit Zeitungsausschnitten, mit Lehrbuchausschnitten, weil so absurd war, was dort gelehrt wurde. Es reichte auch völlig, unseren Kindern zu sagen: Denkt doch an die Westverwandten, denkt an Tante Inge und Tante Gisela, kannst du dir das vorstellen? Nein, konntest du nicht, und der Fall war erledigt. Aber so wurden die Menschen beeinflußt, Not und Elend ist der Kapitalismus, und wir haben uns darüber lustig gemacht. Wir kannten die soziale Marktwirtschaft, wir kannten die Lebensverhältnisse in West-

deutschland, so wie man sie eben kennt, wenn man nur besucht wird und dann immer Sonntagsstimmung herrscht. Bei uns in der Familie gab es keine Arbeitslosen, jedenfalls keine, die uns besucht hätten. Und demzufolge war unsere Sicht der Marktwirtschaft so, daß der Frühkapitalismus von Karl Marx Geschichte war, aufgehoben durch eine soziale Komponente.«
(Referat vor der Evangelisch-lutherischen Landeskirche in Braunschweig, 23. 1. 1995)

»Als früher die Verwandten aus dem Westen zu Besuch kamen, waren die Rollen klar: Wir erklärten, warum das alles in der DDR nichts wert war. Die anderen waren die Weihnachtsmänner mit den Geschenken.«
(*Sächsischer Bote*, 1. 3. 1993)

Konfrontation Ost–West

»Die soziale Komponente wurde nicht auf den Osten übertragen, sondern im Westen wurde der Sozialstaat in Frage gestellt.«
(*Die Zeit*, 5. 5. 1995)

»1990 standen plötzlich sechzehn Millionen Menschen, sobald sie nur einen Schritt vor die eigene Haustür taten, auf fremdem Terrain; nachdem die erste Euphorie verflogen war, spürten sie einen scharfen Wind, der ihnen ins Gesicht blies. Der Boden schwankte unter den Füßen, und daß jeder seines eigenen Glückes Schmied sei, war keine Floskel mehr, sondern oft unbarmherzige Realität, mit der viele nicht zurechtkamen. Sie hatten es nicht gelernt, weil sie es früher nicht lernen mußten. Arbeitslosigkeit war nicht mehr ein fernes Phänomen, sondern die bittere, alltägliche Erfahrung von Millionen. Die

Mieten stiegen auf ein Vielfaches, und sie steigen weiter, solange sie das hohe Westniveau nicht erreicht haben. Die bezahlbare Wohnung ist nicht mehr selbstverständlich, das macht vielen die größte Angst.«
(*R. Hildebrandt:* Wer sich nicht bewegt, hat schon verloren, Bonn 1996)

»Wenn jetzt Betriebe kaputtgehen, sind alle sozialen Einrichtungen weg. Alles wird von der Treuhand verwaltet und von dem neuen Investor aufgebaut. Und die Gemeinde, die Stadtverwaltung, sitzt in irgendeiner Asbestbaracke jetzt. So ist die Realität.«
(*Deutscher Fernsehfunk,* Zur Person, 16. 9. 1991)

»Wir erleben jetzt hier im Osten, daß man sich überhaupt nicht mehr durchsetzen kann mit 'nem normalen Menschenverstand, sondern daß man immer 'nen Rechtsbeistand braucht, daß man Leute braucht, die die ganzen Tricks schon kennen.«
(*Also.* Politik zum Mitreden, 1. 5. 1994)

»Warum werden die Ostler so oft übern Tisch gezogen? Weil se sich die Tricks und Gemeinheiten überhaupt nicht vorstellen können, die passieren!«
(*Langenhagener Woche,* 29. 11. 1995)

»Ich habe die Einheit gewollt«, betonte Dr. Hildebrandt. »Aber vor den gelernten Marktwirtschaftlern stehen die Ostler da wie Lieschen vom Lande.«
(*Schaumburger Zeitung,* 12. 12. 1992)

»Ich sage immer: Kopf und Schwanz, das ist kein Glück, das beste ist das Mittelstück. Im Osten haben wir kollektiviert wie die Blöden, da gab es überhaupt kein Individuum mehr. Sie waren im Wohnkollektiv, im Arbeits-

kollektiv, im Leistungskollektiv. Das ist auch nicht normal. Aber was wir jetzt erleben, ist meines Erachtens noch unverträglicher.«
(*Ruprecht*, November 1993)

Die Westgesellschaft sei so erzogen, »daß jeder nur an seinen Vorteil denkt – morgens und abends!« Das passiere jetzt auch im Osten: »Jeder sorgt nur noch für sich selbst! Jeder guckt, daß er nicht in die AOK kommt, wo die größten Risikogruppen drin sind! Jeder zermartert sich das Hirn, wie er den Staat am besten bescheißen kann!«
(*Frankfurter Rundschau*, Februar 1990)

Regine Hildebrandt weiß, wo der Schuh drückt. So gehöre es zum »Witzkulturprogramm«, was Senioren in Deutschland bei der Beantragung ihrer Rente alles auszufüllen haben. »Vorher müssen sie aber noch 20 Seiten Anleitungen studieren, die extra für die Senioren kleingedruckt sind«, ärgert sich die Ministerin über den Amtsschimmel.
(*Potsdamer Neueste Nachrichten*, 22. 10. 1993)

Frage: »Sind Kinder Privatsache?«
Antwort: »Ja, jetzt ist es offensichtlich geworden, Kinder sind Privatsache. Die Familien im Osten Deutschlands sind für alles selber zuständig. Und wenn sie pfiffig genug sind und die richtigen Formulare zur richtigen Zeit an der richtigen Stelle haben und die richtigen Informationen noch dazu, dann können sie an dieser oder jener Stelle noch Unterstützung erhalten, müssen dann allerdings zu Hause ein kleines Management aufbauen, um den Überblick zu behalten. Für diesen Bereich trifft das zu, was Bekannte von mir gesagt haben: Früher haben sie zwar achtdreiviertel Stunden gearbeitet, aber

dann sind sie nach Hause gegangen und haben Fontane gelesen. Jetzt arbeiten sie nur noch acht Stunden, gehen nach Hause, setzen sich an den Schreibtisch und füllen Formulare aus.«
(Diskussion zur gleichstellungsorientierten Familienpolitik, Juli 1995)

»Mit der Ostbrille gesehen sagen viele Menschen, so haben wir uns das nicht vorgestellt. Wir wollen auch nicht zufrieden sein, weil wir jetzt Westgeld haben und weil die Transfers in Zig-Milliarden-Höhe in den Osten gehen. Nach dem Motto, wir haben ja die reichen Brüder und Schwestern im Westen, die werden uns schon nicht absaufen lassen. Sie alimentieren uns, ja, und das ist im Moment gut so, aber es ist nicht unsere Zukunft. Wir wollen nicht laufend auf Unterstützung angewiesen sein, sondern wir wollen selber mitwirken, selber arbeiten können, selber in der Lage sein, unser Geld zu verdienen.«
(Referat vor der Evangelisch-lutherischen Landeskirche in Braunschweig, 23. 1. 1995)

»Also bei uns in der Rosa-Luxemburg-Straße, wo mein Tante-Emma-Laden war, der Konsum, in dem ich immer meine Margarine würfelweise eingekauft habe, da ist jetzt ein Sexshop. Und darüber wohnt eine alte Dame, so alt wie meine Mutter, die muß jetzt mit Oropax schlafen, weil sie das Gestöhne aus den Pornofilmen nicht mehr aushält.«
(*Amica,* Februar 1996)

»Da lese ich tagtäglich auf einer riesigen Tafel, daß die Firma Sowieso Rückübertragungsansprüche aufkauft. Wer sich die Händchen fein sauberhalten möchte, der läßt diese Firma abwickeln, zum Beispiel den Rücküber-

44

tragungsanspruch von Oma. Die Firma tritt dann in Aktion und macht alles zwischen Anstand und Gerechtigkeit dem Erdboden gleich.«
(*Saarbrücker Zeitung,* 8. 12. 1994)

»Die Gauck-Behörde ist auch für mich ein Moloch. Ich bin froh, wenn ich da nicht hinmuß. (...) Jeder kleine Stasispitzel wird jetzt enttarnt und bestraft, während von den Chefs, die auf der politischen oder betrieblichen Ebene ihre Karriere gemacht haben, überhaupt keine Rede ist. Diese Stasidebatte ist zum Kulturprogramm für die deutsche Gesellschaft entartet.«
(*TAZ,* 28. 4. 1993)

Frage: »Haben Sie sich vorgenommen, in Ihre eigene Stasiakte zu sehen?«
Antwort: »Nein, das will ich nicht. Ich müßte allem nachgehen, was in der Akte aufgeführt wird, wer aus meiner Umgebung mich möglicherweise bespitzelt hat. Dazu habe ich wirklich keine Zeit.«
(*Bunte,* 26. 11. 1992)

Frage: »Warum wollen Sie Ihre Stasiakten nicht sehen?«
Antwort: »Weil ich mir vorstellen kann, da steht 'ne ganze Menge drin. Und man muß, wenn man dieses zur Kenntnis nimmt, mit den Leuten reden, die einen bespitzelt haben. Dazu habe ich überhaupt keine Zeit. Wenn, dann wollen wir auch aufarbeiten. Und dazu brauchen Sie Zeit, und die habe ich nicht. Also lassen wir's!«
(*WDR,* b.trifft, 1995)

Brief an Regine Hildebrandt: »Ich verfolge alle Ihre Auftritte als ehemalige Stalinistin und in der DDR aufgewachsene Kommunistin. Sie haben sich nicht der PDS ange-

45

schlossen und haben lieber eine Partei aus den alten Bundesländern gewählt. Für diese Partei treten Sie mit dem frechsten Mundwerk (für Schnauze möchte ich mich entschuldigen) auf. Wenn Sie wüßten, wie Sie lügen, würden Sie sich selbst bemitleiden. Stalin, Ulbricht und auch der geliebte Honecker sind dagegen Stümper gewesen. (...) Ich bitte Sie wiederholt, auf die Frage mit Ja oder Nein zu antworten: Haben Sie vor dem Fall der Mauer mit oder für die Stasi gearbeitet? (...) Dem Bundeskanzler Kohl haben es die Bürger unseres Staates zu verdanken, daß die Bürger aus der Knechtschaft der DDR-Machtherrscher befreit wurden.«

Antwort: »Ich möchte – aus dem fahrenden Auto, weil ich sonst nicht dazu komme – Ihnen nur eine Antwort geben: Ihre absurde Frage, ob ich vor dem Fall der Mauer mit oder für die Stasi gearbeitet habe, beantworte ich hiermit sogar schriftlich mit Nein. (...) Ihnen alles Gute.«
(Brief an Herrn N. vom 3. 9. 1994)

»Das ist schon ein starkes Stück, daß Sie mich nun gerade als ›DDR-Sozialistin‹ bezeichnen, bei der die Tünche abgeht!«
(Brief an Herrn K. vom 18. 7. 1994)

»Mir ist wichtig, daß Menschen, die in verantwortlichen SED-Positionen an der DDR-Realität mitgewirkt haben, jetzt nicht wieder in leitenden Positionen sein können.«
(Brief an Herrn B. vom 15. 12. 1993)

»Ja, ich frage die Westler, ob sie die Ostler mögen (SPD-Parteitag!), und wirke darauf hin, daß sie es tun, weil es nötig ist, um zusammenzukommen. Aber dann darf es eben auch nicht sein, daß Menschen wie Kutzmutz, der

unmittelbar vor der Wende maßgebliche Verantwortung mitgetragen hat, für DDR-Verhältnisse, jetzt wieder ans Regieren kommt! Um dieses Regieren vorher und hinterher geht es mir. Wer hat denn, verdammt noch mal, die Verantwortung für das DDR-Dilemma?«
(Brief an Frau E. vom 11. 12. 1993)

Frage: »Was hat Sie veranlaßt, in die Politik zu gehen?«
Antwort: »Vierzig Jahre Osten mit Meckern in der privaten Ecke und die Wende haben dazu geführt, daß man begriff, man kann nur etwas verändern, wenn man sich dafür einsetzt.«
(*Deutsche Jugendpresse,* 5. 6. 1994)

»Man kann nicht vierzig Jahre lang meckern, und dann hat man zufällig gerade keine Zeit, weil man sehen muß, wie man Geld verdient.«
(*Thüringer Allgemeine,* 10. 7. 1993)

»Haben Sie mehr Verständnis für die Ostler! Geben Sie sich mal Mühe, die da drüben zu verstehen – auch wenn die immer noch meckern.«
(*Freiburger Zeitung/Badische Zeitung,* 16. 4. 1994)

»Immer wieder erlebe ich es, daß Altbundesbürger sich durch mein Auftreten überfordert fühlen, zu dem Ergebnis kommen, ich würde nur meckern und fordern. Deswegen freue ich mich besonders, daß Sie mich verstehen – und akzeptieren!«
(Brief an Frau H. und Frau K. vom 22. 4. 1993)

»Nur kurz möchte ich auf Ihren Brief antworten, weil mich bedrückt, daß Sie so urteilen. Sie wissen sicher, daß Ost-Autos und Eingemauertsein, also keine Reisefreiheit, für die Ostdeutschen mit die schlimmsten De-

47

fizite – subjektiv – waren. Hierfür geben die Menschen überproportional viel Geld aus nach der Wende – ob sie es sicher haben oder nicht. Erschreckend viele Fälle von Überschuldung müssen wir registrieren, denn der Autobesitz und die Auslandsreise täuschen.«
(Brief an Herrn E. vom 29. 9. 1993)

»Ich wünschte Ihnen, Sie hätten zufällig nach dem Krieg in Ostdeutschland gelebt, Sie hätten ohne Marshallplan und Wirtschaftswunder, aber mit 100 Milliarden Reparationszahlungen an die Sowjetunion durch die DDR das Land wiederaufbauen müssen, ohne viel Geld zu verdienen, ohne Eigentum anschaffen zu können – und jetzt kommt die Einheit –, und Sie würden so beschimpft, wie Sie es mit mir machen und den Ostlern überhaupt!«
(Brief an Herrn K. vom 7. 9. 1994)

Brief an Regine Hildebrandt: »Bei dem Gespräch mit Herrn Finanzminister Waigel haben Sie den Zuschauern in Ost und West wieder einmal Ihre Ignoranz und Uneinsichtigkeit demonstriert. Ihr Benehmen und Ihr Niveau sind einfach unfaßbar.«

Antwort: »Trotz Ihres sehr barschen Tones möchte ich Ihnen kurz (...) antworten: Wie ist es nur möglich, daß Sie trotz der doch bekannten Faktenlage, die ich einfach und verständlich darzustellen suche, Ihrerseits so ignorant sind! Bitte sehen Sie doch genauer hin, wie im Osten den Menschen trotz ihrer Arbeit nach 1945, trotz 100 Milliarden Reparationen an die Sowjetunion vielfach keine Perspektive gegeben ist. Bitte sehen Sie genauer hin! Das ist mein Niveau! Trotzdem herzlich ...«
(Brief an Frau L. vom 5. 3. 1993)

»Überall ist spürbar, daß der Gegensatz zwischen Ost und West größer geworden ist. (...) Es ist nicht so, daß die Leute sich kennenlernen und sagen, es ist ja gar nicht so schlimm. Sondern sie lernen sich kennen und sagen, es ist ja noch viel schlimmer, als wir dachten.«
(*Der Spiegel,* 2. 8. 1993)

»Das hätte doch ein Blinder mit 'nem Krückstock gesehen, daß hier alles kaputtgehen würde«, eifert sich Frau Hildebrandt zur Wirtschafts-, Währungs- und Sozialunion.
(*Berliner Morgenpost,* 29. 1. 1993)

»Die neue Anpassung hat die alte abgelöst.«
(*TAZ,* 10. 7. 1992)

Was war sie nun eigentlich, die Maueröffnung? Eine »schlecht vorbereitete Pressekonferenz«, wie Brandenburgs Sozialministerin Regine Hildebrandt sich ausdrückte.
(*TAZ,* 21. 5. 1991)

»Ja, wir zahlen im Osten alle wie im Westen Solidaritätszuschlag: 7,5 Prozent der Lohnsteuer! (Von Anfang an übrigens – warum weiß das – fast – keiner im Westen?)«
(Brief an Herrn M. vom 12. 4. 1995)

»Wenn Sie davon ausgehen, daß von zehn Westdeutschen acht noch nie in der DDR oder im Osten waren und da auch keine Verwandten haben, dann können Sie sich vorstellen, wie wenig Kenntnisse über die Lebensverhältnisse im Osten vorhanden sind.«
(*Ruprecht,* 11. 11. 1993)

»Herzlichen Dank für Ihren Brief, über den ich mich doch sehr gewundert habe. Ich sage meinen Landsleuten nicht, wie schlecht es ihnen geht – sie sagen es mir.«
(Brief an Herrn H. vom 1. 9. 1995)

Brief an Regine Hildebrandt: »Was halten Sie davon, daß hungerstreikende Arbeitnehmer ins Krankenhaus müssen? Wer bezahlt denn diese selbstverschuldete Krankheit? Oder ist da jemand eingesprungen? Eventuell Sie selbst mit finanzieller Unterstützung. (...) Fünfzig Prozent der Arbeitslosen haben nichts gelernt, aber wir haben das soziale Netz. (...) Es dürfte Ihnen nicht unbekannt sein, daß siebzig Prozent des Steueraufkommens durch dreißig Prozent der Steuerzahler aufgebracht werden. Ergibt dieses Außerachtlassen dieser Tatsache nicht eine Schieflage in der Beurteilung? (...)
Zum Schluß: 150 Milliarden im Jahr und kein bißchen Dankbarkeit?«

Antwort: »Herzlichen Dank für Ihren Brief. Was soll ich Ihnen antworten? Hungerstreikende Arbeitnehmer kommen ins Krankenhaus – wer bezahlt die selbstverschuldete Krankheit? Vielleicht ich? Natürlich! Ich bin in der AOK, aus Prinzip! Nicht in einer der Krankenkassen privater Art oder Ersatzkassen mit geringerem Beitrag! Der Krankenhausaufenthalt wird aus den Beiträgen auch von mir bezahlt – und gerne! Denn diese Menschen kämpfen mit dem letzten ihrer Gesundheit für ihre Arbeitsplätze! Übrigens bezahle ich automatisch auch jeden chronischen Alkoholiker, jeden Drogensüchtigen mit!
Fünfzig Prozent der Arbeitslosen haben nichts gelernt – wie kommen Sie denn darauf? Im Osten haben die Menschen fast alle Ausbildungsabschlüsse gehabt. Meist mehrere, weil immer weiter qualifiziert wurde.

Alle Ausbildungsgruppen sind bei den Arbeitslosen vertreten, in Berlin allein 4500 arbeitslose Akademiker! Siebzig Prozent der Steuern zahlen dreißig Prozent der Menschen – na und? 1982–1992 haben sich die Einkommen der abhängig Beschäftigten um gut 500 Prozent erhöht, die Einkommen der Selbständigen um 120 Prozent – ist das richtig? Muß man da nicht noch viel mehr besteuern? 150 Milliarden pro Jahr in den Osten – und kein bißchen Dankbarkeit? Wir wollen uns nichts schenken lassen, wir wollen es erarbeiten. Mehr als fünfzig Prozent der Menschen sind von der Arbeit verdrängt worden – wir wollen aber hier im Lande Industrie erhalten, dabei muß geholfen werden!«
(Brief an Herrn F. vom 20. 10. 1993)

Frage: »Gibt es immer noch Mauern im Kopf zwischen Ost und West?«
Antwort: »Natürlich. Nach der Maueröffnung haben sich alle gefreut, wenn die Ostler mit den blöden, stinkenden Trabbis gekommen sind. Diese Euphorie ging kaputt. Weil der Kanzler im Wahlkampf den Ostlern den Westlebensstandard versprochen und dem Westen gesagt hat, das kostet nichts. Hätte er gesagt, das wird langwierig, schwierig und teuer, dann wäre alles anders gekommen.«
(*Abendzeitung,* München, 19. 2. 1994)

»Man kann die Menschen nicht mehr für dumm verkaufen. Wer aber von blühenden Landschaften spricht, tut eben genau das.«
(*mb,* Nordhausen, Juli 1994)

»Im Osten hatten sie genug von der Politikschwindelei. Sie wollten glauben. Und sie haben den Parteien vertraut, und sie sind nicht den Stil gewöhnt, daß man

immer sagen muß, jetzt ist Wahlkampf, also die Hälfte durch zwei, und dann ist's immer noch zuviel.«
(Talk-Show in der Klinik Bad Trissl, 11. 12. 1992)

Frage: »Was fällt Ihnen im Westen am stärksten auf?«
Antwort: »Der Reichtum, der Konsum, der Überfluß. Das Zerrbild des Westens ist für mich das Frühstücksbuffet in einem westdeutschen Luxushotel. Ich komme ja aus einer christlichen Kirche – das ist für mich Völlerei.«
(*Abendzeitung,* München, 19. 2. 1994)

Frage: »Was machen eigentlich die Ostdeutschen falsch?«
Antwort: »Es fehlt ihnen an Risikofreude und an Selbstvertrauen.«
(*Abendzeitung,* München, 19. 2. 1994)

»Ich erinnere mal die Ostler, die hier sind, daß wir immer wollten, daß diese plebiszitären Elemente, die direkte Bestimmung der Bevölkerung über Sachverhalte – und nicht bloß die Möglichkeit zu wählen im Vertrauen darauf, daß die, die man dann gewählt hat, auch zum Schluß das machen, was man sich vorgestellt hat – gerade Berlin mit 'ner großen Koalition ist ja da prädestiniert für Enttäuschungen – also daß man nicht nur durch die Wahl zu seiner Artikulation im politischen Bereich kommt, sondern direkt bestimmen kann: Ja oder Nein zu einem bestimmten Thema. Wollten wir immer! Plebiszitäre Elemente! Steht in der Berliner Verfassung drinne, in der Brandenburger Verfassung. Jetzt erleben wir zu unserer großen Enttäuschung, daß die Leute gar keine Lust haben. Wir haben's mit Mühe durchgesetzt, daß sie bestimmen können. Und nu' komm'se nich' hin! Dit is' natürlich deprimierend!«
(Vortrag und Diskussion bei der Urania Berlin, 20. 3. 1996)

».. . die Ostler sollen doch auch was eingebracht haben, also kann man mit dem grünen Pfeil bei Rot rechts um die Ecke biegen, und alle sind sie durcheinander und lernen es innerhalb von vier Jahren nicht. Wir erleben es bei uns in Brandenburg und in Berlin. Wenn es nicht weitergeht, steht ein Westler davor.«
(Rede vor dem Verband Deutscher Diätassistenten, 20. 4. 1991)

»Dit jehört für mich zu den größten Schönheiten westlichen Lebens: ein sauberes Klo. Wo immer man hinkommt. Ob im Zug, ob im Schiff oder auf'm Bahnhof. Es is' ja nicht zu fassen. Daß das möglich ist! Im Osten – da wär'n Se am liebsten immer mit Stelzen reinjejangen, wenn Se mal irgendwo hinmußten. Und mit 'ner Klammer über der Nase.«
(*Badische Zeitung,* 18. 4. 1994)

Zur Grundsteinlegung Gewerbegebiet Gosen:
»Also siebenhundert von siebentausend Produkten sind Ostprodukte. Dis freut mich zu hören. Aber Hauptsache, nich' immer die billigen, verstehn Se? Rotkohl im Glas oder so. Da is' denn ooch nischt mit zu verdienen.«
(*Radio Brandenburg,* Markt kontrovers, 19. 10. 1993)

»Die ›Marina‹, na, die sieht ja uffjemotzt aus. Aber die ›Sonja‹ sieht noch so ähnlich aus wie früher.«
(*Radio Brandenburg,* Markt kontrovers, 19. 10. 1993)

Regine Hildebrandt: »Qualitätsprodukte aus Ostdeutschland? (. . .) Gibt es da keine Lieferprobleme? Auch keine Produktionsprobleme? Ich meine jetzt tatsächlich die Bereitstellung der entsprechenden Palette.«
Antwort: »Das läuft stabil, da gibt es keine Unterschiede.«

53

R. H.: »Wirklich?«

Antwort: »Ja?«

R. H.: »Wirklich?«

Antwort: »Da ist es schon wichtig, daß der Lieferant da entsprechend kompetent ist ...«

R. H.: »Sie reden ja wie ein Politiker. Das dit wichtig ist, weiß ich. Ick frage ja, ob's passiert, verstehn Se? ... Also im wesentlichen.«

(*Radio Brandenburg,* Markt kontrovers, 19. 10. 1993)

»Bei all dem Vereinigungsfrust in Ost und West möchte man manchmal fast nicht glauben, was es dennoch gibt: begeisterte, zuverlässige, uneigennützige Hilfe und solidarische Zusammenarbeit bei dringend notwendigen sozialen Projekten in Ostdeutschland.«

(*R. Hildebrandt:* Wer sich nicht bewegt, hat schon verloren, Bonn 1996)

»Wir waren gewöhnt, bei schlechten Rahmenbedingungen was auf die Beine zu stellen. Das wollen wir uns bewahren, wenn die Rahmenbedingungen immer besser werden.«

(*Potsdamer Neuste Nachrichten,* 2. 9. 1992)

»Wenn ich eine meiner Ansicht nach hervorstechende Eigenschaft der Ostdeutschen nennen sollte, würde ich salopp sagen: Sie können auf dem Teppich bleiben. Oder: Die meisten sind – jedenfalls vorläufig noch – das, was ich ›normal‹ nenne. Als einst in der Forschung tätige Biologin habe ich gelernt, Normalwerte für wünschenswert zu halten. Und auch im Alltag schätze ich es sehr, wenn jemand Augenmaß und gesunden Menschenverstand besitzt.«

(*R. Hildebrandt:* Wer sich nicht bewegt, hat schon verloren, Bonn 1996)

»Es gibt in Deutschland kein Problem zwischen Ost und West, sondern zwischen unten und oben in Ost und West.«
(*Hallo Sonntag,* 26. 11. 1995)

Aussichten

»Es ist so viel Unrecht passiert hier und so viele Dinge, die kaum verkraftbar sind, daß ich mich überhaupt nicht mehr traue, alles beim Namen zu nennen. Denn wir müssen hier ja weiterkommen. Irgendwie muß es ja weitergehen. Und wenn ich jetzt zu oft sage, du, guck mal, was das da für Käse ist – die Leute werden ja irre.«
(Manuskript des Gespräches mit Günter Grass, August 1993)

»Wir haben doch so gewählt. Der böse Kapitalismus hat uns nicht annektiert. Wir wollten die deutsche Einheit, und jetzt ist es an uns, das Beste daraus zu machen.«
(*Osterländer Volkszeitung,* 18. 3. 1994)

»Wenn doch alle ›kleinen Leute‹ in Ost und West erkennen würden, daß sie in sozialen Belangen mehr verbindet als trennt und daß Probleme nur im Zusammenwirken, nicht aber durch Konfrontation gelöst werden können.«
(*R. Hildebrandt:* Wer sich nicht bewegt, hat schon verloren, Bonn 1996)

»Man muß zusehen, daß man seinen Aktionsradius auch wirklich ausnutzt, und nicht immer denken, die Verhältnisse sind hier nicht so und da nicht so und deswegen wird's nichts. Und hierfür haben wir zuwenig

Geld und dafür sind die Bedingungen schlecht, sondern einfach mit dem, was is', was machen.«
(*Deutscher Fernsehfunk*, 26. 4. 1991)

»Hier standen überhaupt nicht blühende Landschaften zur Diskussion, also gesunde Weiden oder Feuchtbiotope, sondern die war ja schon verschandelt, die Gegend. Und nu' war's bloß wesentlich, daß man aus der Verschandelung jetzt was Positives macht.«
(*Radio Brandenburg*, Markt kontrovers, 19. 10. 1993)

Frage: »Müßten die Westdeutschen für Ostdeutschland noch mehr leisten?«
Antwort: »Leisten ja, aber nicht im Sinne von zahlen. Mehr Verständnis, mehr Interesse, Aufmerksamkeit und Zuwendung wären schon nötig. Geld ist eigentlich genug da für den Osten, was noch immer fehlt, sind Konzepte.«
(*Abendzeitung*, München, 19. 2. 1994)

»Ich will weder die finanziellen Unterstützungen des Bundes kleinreden noch die Vorzüge der Demokratie gegenüber dem Totalitarismus wegreden. – Aber ich muß es messen an der Realität der Leute im Osten. Wir brauchen mehr als das, was bisher kam! Wir brauchen außer Geld andere Konzepte für den Osten!«
(Brief an Herrn H. vom 22. 7. 1993)

»Ja, es läuft vieles nicht so, wie es laufen könnte – und schon gar nicht, wie es uns versprochen wurde! Mir ist bei allem wichtig, daß wir – wie schon zu DDR-Zeiten – versuchen, das Beste daraus zu machen, d. h. weder den Osten (früher) noch den Westen (jetzt) verteufeln, Positives zur Kenntnis nehmen, Negatives benennen, es zu

56

ändern – und bei allem den Mut und den Optimismus nicht verlieren!«
(Brief an Frau K. vom 25. 3. 1996)

»Es wird uns gar nichts anderes übrigbleiben, als uns am eigenen Zopf aus dem Sumpf zu ziehen, man muß nur wollen.«
(*Leipziger Volkszeitung*, November 1990)

»Die Wahrheit is' manchmal brutal –
soll ick sie deswegen verschweigen?«

Arbeitslosigkeit

Misere

»Wem' s jetzt schon schlechtgeht, der kriegt jetzt sogar
noch einen drauf.«
(*Aachener Nachrichten,* 30. 8. 1994)

»Wir geben Milliarden aus zur Finanzierung der Arbeitslosigkeit, also dafür, daß die Menschen frustriert zu
Hause sitzen und auf ein Wunder warten.«
(Rede vor dem Bund der Deutschen Katholischen Ju-
gend/BDKJ, 1. 6. 1994)

Mit an der Tafel angeschriebenen Zahlen verdeutlichte
Regine Hildebrandt die Dimension der Arbeitslosigkeit
in der ehemaligen DDR. Welche Schicksale sich da-
hinter verbergen, beschrieb sie in ihrer Veranstaltung
mit lebensnahen Beispielen. Manchmal bleibt auch die
»notorische Optimistin« (Selbsteinschätzung) nur
noch hilflos. »Ich bin doch dafür zuständig! Es ist zum
Verzweifeln!«
(*TAZ,* 1. 6. 1993)

Frage: »Wenn man mal die Statistik zu Hilfe nimmt: Je kürzer die Arbeitszeit wurde und gleichzeitig die Löhne stiegen, um so mehr stiegen die Kriminalität, die Zahl der Ehescheidungen und Abtreibungen (Tötung ungeborener Kinder) an. Da stimmt doch was nicht?«

Antwort: »Sie meinen, daß mehr Freizeit nur genutzt wird, um mehr zu klauen oder abzutreiben? Ich glaube nicht, daß man die Statistik dafür zu Hilfe nehmen kann. Massenarbeitslosigkeit führt dagegen in der Tat zu höherer Kriminalität. Da stimmt dann in der Tat was nicht.«
(Interview mit dem Arbeitskreis Christlicher Publizisten, 16. 5. 1995)

Für die Ausbildungsmisere machte die Ministerin die Unternehmer verantwortlich: »Natürlich ist es so, daß sie sich gedrückt haben um die Last der Ausbildung und daß die öffentliche Hand dadurch belastet wird, und das ist nicht in Ordnung.«
(*ADN*, 30. 8. 1995)

»Was wir derzeit erleben, ist zum Teil ein pervertierter Frühkapitalismus.«
(*Kölner Stadt-Anzeiger*, 7. 8. 1992)

»Mehr als schon kaputtgegangen ist, kann eigentlich nicht mehr kaputtgehen.«
(*Mitteldeutscher Express*, Mai 1994)

»Die Solidaritätsabgabe ist bei zehn Prozent Arbeitslosigkeit eingeführt worden und bei fünfzehn Prozent Arbeitslosigkeit abgeschafft. Wat dit für 'ne Solidarität is', da könn' Se auf'm Rückweg drüber nachdenken!«
(*Freiberger Anzeiger*, 19. 5. 1993)

»Wenn sich der Begriff ›personelle Altlast‹ auf Arbeitnehmer, die jetzt zuviel sind, beziehen sollte, dann halte ich das für 'ne Unverschämtheit.«
(*Plus 3*, 25. 6. 1991)

»Jeder bangt um seinen Arbeitsplatz, und in dem typi-
schen Anpassungsdrang, der bei uns schon immer
üblich war, verhält man sich systemkonform. Und jetzt
heißt das: Man widerspricht nicht, man setzt sich nicht
gegen die Leute durch, die jetzt ungerechte Entscheidungen treffen, man ist ruhig.«
(*Plus 3*, 25. 6. 1991)

»Wenn nun der verbriefte Arbeitsplatz verlorengeht,
glaubt man, das sei das absolute Ende. Diese Grund-
angst, die viele ergriffen hat, ist verständlich. Sie rührt
her aus falscher Erziehung über Jahrzehnte, aus Kli-
scheevorstellungen über unabwendbares Elend durch
Marktwirtschaft, auch sozialer Marktwirtschaft.«
(*Neue Berliner Illustrierte,* April 1990)

»Hier, da ham wir's – wenn's im Land Brandenburg een
Job gibt, stehn 39 Leute Schlange. Da muß man sich
doch aufregen.«
(*Bild der Frau,* 3. 8. 1992)

»Obwohl sich vierzig Menschen um einen Arbeitsplatz
bewerben, werden die sozialen Leistungen abgebaut.
Dit is 'n Heuler!«
(*Neue Westfälische,* 8. 5. 1995)

»Der ABM-Schock. Eine Schandtat. Nicht die erste.
Nicht die letzte. Und was macht der Kanzler? Er fährt
entschlacken. Immer wenn es brenzlig wird.«
(*B. Z.,* 1. 3. 1993)

Arbeitsämter seien künftig auch »Zentren des Lebens – leider«, sagte die Ministerin.
(*TAZ*, 8. 6. 1990)

Regine Hildebrandt will auch in Zeiten knapper Kassen den zweiten Arbeitsmarkt nicht vernachlässigen. »Wir können nicht auf der einen Seite ein Loch füllen, während sich auf der anderen Seite ein neues öffnet.«
(*ADN*, 9. 1. 1996)

»Natürlich können auch die Künstler ABM-Gelder kriegen. Ob nun die Rockgruppe, die hier spielt, oder der Mann, der mit der Knautschkommode in ein Altersheim geht.«
(*TAZ*, 5. 11. 1990)

»Es kann nicht sein, daß ABM-Kräfte irgendwelchen Schnulli machen, etwa in einer Gemeinde zwanzig Leute eine Bushaltestelle harken.«
(*Berliner Zeitung*, 6. 5. 1994)

»Gucken Se sich an, was jetzt los ist am Arbeitsmarkt, gucken Se sich an, wie da gerungen wird um Tarifabschlüsse, mit denen man einigermaßen leben kann. Wer in einer solchen Situation auf die Idee kommt, man braucht die Gewerkschaften nicht mehr, also, da will ich mal salopp sagen, der muß doch mit 'nem Klammerbeutel gepudert sein!«
(*Also*. Politik zum Anfassen, 1. 5. 1994)

Mißbrauch

»Mißbrauch im Sozialbereich, was heißt denn das? Das ist eine Frechheit! Natürlich wird hier beschummelt,

um es einmal dezent zu sagen, jeder sieht zu, wie er am besten klarkommt. Bloß, verstehen Sie, jeder, der mit seinem Unternehmen zum Jahresende sieht, wie er sich um Steuern drücken kann, mit lauter Tricks, der ist ein pfiffiger Kerl. Aber wenn sich mal ein Arbeitnehmer, der arbeitslos geworden ist, überlegt: er kriegt jetzt Arbeitslosengeld, lohnt es sich, eine Arbeit aufzunehmen, dann wird natürlich gesagt, der nutzt die öffentlichen Kassen aus.«
(Referat vor der Evangelisch-lutherischen Landeskirche in Braunschweig, 23. 1. 1995)

»Und wenn ich erst das Gerede vom ›Wildwuchs im Sozialbereich‹ höre! Das klingt ja geradeso, als ob wir mit dem Buschmesser dazwischengehen müssen. Das ist doch bekloppt!«
(*Thüringer Allgemeine,* 10. 7. 1993)

Und trotzdem

»Ich will mich nicht an eine Realität gewöhnen, wo Menschen in Pappkartons auf der Straße liegen.«
(*Mannheimer Morgen,* 20. 3. 1995)

»Ich bin ja bescheiden, ich weiß, von der Gleichheit sind wir schon weit weg. Aber wenigstens die Gerechtigkeit muß bleiben. Es muß wenigstens in dieser Gesellschaft, der neuen, noch jeder seine individuellen Perspektiven haben. Und es darf nicht so viele Verlierer geben.«
(*Deutscher Fernsehfunk,* Zur Person, 16. 9. 1991)

»Wir können uns stundenlang darüber unterhalten, daß in diesem System die Schwächeren unterjebuttert

werden, dit nützt jar nüscht – wir müssen wat dagegen tun!«
(*Westfälische Nachrichten,* 23. 2. 1993)

»Wir haben im Prinzip wahnsinnig viel geschafft, aber gegenüber dem, was wir hätten schaffen müssen, ist es noch viel zuwenig. Ich habe ununterbrochen ein schlechtes Gewissen, daß ich mich zuwenig um einzelne Leute kümmere.«
(*Bonner Generalanzeiger,* 8. 9. 1992)

Frage: »Was haben Sie versucht zu bessern und können es nicht?«
Antwort: »Das Recht auf Arbeit.«
(Talk-Show in der Klinik Bad Trissl, 18. 2. 1994)

»Wir müssen hier aus Schiete Konfekt machen.«
(*TAZ,* 18. 4. 1991)

»So geht es jetzt laufend mit den Entscheidungen, vor die wir gestellt werden. Man muß immer nur überlegen: Was richtet weniger Schaden an?«
(*TAZ,* 18. 4. 1991)

Frage: »Was ist an Sie die häufigste Forderung, das häufigste Ansinnen?«
Antwort: »Erstens, daß die Renten höher werden, zweitens, daß Arbeit dasein soll – aber das ist gar nicht so lustig, da kann man jetzt gar keinen Scherz drüber machen.«
(Talk-Show in der Klinik Bad Trissl, 18. 2. 1994)

»Die Wahrheit is' manchmal brutal – soll ick sie deswegen verschweigen?«
(*Stern,* 14. 1. 1993)

Visionen

»Möge es doch weniger reiche und weniger arme Leute geben!«
(*Saarbrücker Zeitung*, 8. 12. 1994)

»Die Bundesanstalt für Arbeit sagt über Jahrzehnte: Auf Dauer ist die Finanzierung von Arbeit billiger als die von Arbeitslosigkeit. Da muß man doch die Schlußfolgerung ziehen und in einer wirklich so agilen Gesellschaft, wie wir sie haben, so einer geistreichen Gesellschaft, Ende des zwanzigsten Jahrhunderts mal neue Konzepte entwickeln.«
(*Also*. Politik zum Mitreden, 1. 5. 1994)

»Sozialen Frieden zu erhalten ist deutlich billiger, als ihn nach seinem Zusammenbruch wiederherstellen zu müssen.«
(Rede in der Fachhochschule für Wirtschaft in Bremen, 25. 11. 1994)

»Ich habe den Eindruck, daß die Zeit reif ist für ein grundsätzliches Umdenken. Noch bevor der Druck der Verhältnisse unerträglich wird – und die Arbeitslosigkeit, die explodierenden Kosten in verschiedenen sozialen Bereichen, die tiefe Kluft zwischen Arm und Reich üben schon heute einen enormen Druck aus –, sollten wir uns, um Schaden abzuwenden vom sozialen Frieden und also auch von der demokratischen Verfassung der Gesellschaft, auf das Gemeinwohl besinnen.«
(*R. Hildebrandt:* Wer sich nicht bewegt, hat schon verloren, Bonn 1996)

»Zukunft der Arbeit heißt aber, alle Chancen zu nutzen, die vorhandene Arbeit zu verteilen. Dem Unsinn ein

Ende zu machen, daß die einen völlig überlastet sind, während die anderen auf der Straße stehen. Die Überstunden eines Jahres in Deutschland ergäben rechnerisch etwa 1 Mio. Arbeitsplätze.«
(Rede in der Fachhochschule für Wirtschaft in Bremen, 25. 11. 1994)

»Wir müssen uns von der Orientierung der Gesellschaft auf den klassischen Vollzeitjob verabschieden – denn sonst reicht die Arbeit tatsächlich nicht für alle, die arbeiten wollen. Ich halte eine Perspektive des Arbeitslebens mit verkürzten Arbeitstagen, verkürzter Lebensarbeitszeit oder längeren arbeitsfreien Phasen für durchaus erstrebenswert.«
(Manuskript für IG Metall, Mai 1995)

»Der ›Prunk und Protz‹ ist m. E. eben nicht beim Staat, sondern bei den privaten Profiteuren des Systems. Zum Beispiel Deutsche Einheit: Bundesregierung – extreme Verschuldung, privater Sektor – enormer Vermögenszuwachs! Ich denke, daß das Teilen der Arbeit wichtig wäre. Wenn Sie auf einen Teil Ihrer Arbeit verzichten würden, d. h. weniger Einkommen, mehr Freizeit, bessere Gesundheit, weniger Streß, mehr ehrenamtliche Tätigkeit, mehr Gemeinsinn – und weniger Steuern! –, wäre einem halben Arbeitslosen geholfen!«
(Brief an Herrn M., Mai 1993)

»Mit dem Wegfall von Überstunden allein wäre das Problem noch längst nicht gelöst. Notwendig ist eine neue Verteilung der ›normalen‹ Arbeitszeit. Die einfache Formel: Fünfzehn Prozent Arbeitszeitverkürzung für alle, die in Lohn und Brot stehen, beseitigt fünfzehn Prozent Arbeitslosigkeit – und schon könnte jeder seinen Lebensunterhalt selbst verdienen –, ist natürlich eine

Milchmädchenrechnung, weil die Arbeitslosenstruktur und -qualifikation dem Bedarf nicht adäquat entspricht. Aber sie weist in die richtige Richtung.«
(*R. Hildebrandt:* Wer sich nicht bewegt, hat schon verloren, Bonn 1996)

»Andere europäische Länder machen uns vor, wie Arbeitszeit gerechter verteilt werden kann. In den Niederlanden zum Beispiel sind die Teilzeitquoten wesentlich höher als in Deutschland. Im übrigen bedeutet weniger zu arbeiten nicht nur, weniger zu verdienen, sondern auch, wertvolle Freizeit zu gewinnen. Für den aber, der verzweifelt und vergebens Arbeit sucht, verliert die Freizeit ihren Sinn.«
(*R. Hildebrandt:* Wer sich nicht bewegt, hat schon verloren, Bonn 1996)

»Arbeit ist für mich eine fixe Idee. Sie ist nicht alleinseligmachend. Aber wir müssen allen Menschen die Möglichkeiten geben, mit ihrer Hände Arbeit ihr Brot zu verdienen.«
(*Westdeutsche Zeitung,* 20. 4. 1995)

»Ich bin der Meinung, Arbeit für Menschen – egal welcher Ausbildung, egal auch in welcher Qualifikation – ist ein ganz wesentlicher Bestandteil des Lebens. Außer der Tatsache, daß man damit auch natürlich seinen Lebensunterhalt verdient. Ich denke also, Arbeit, Berufsarbeit, ist für Menschen nötiger denn je.«
(*Also.* Politik zum Mitreden, 1. 5. 1994)

»Wir neigen nicht zum Hungerstreik und meinen deshalb, daß Appelle an die Bundesregierung nützen können.«
(*Neues Deutschland,* 27. 7. 1993)

> *»Wir wollen kein Frauenförderungsgesetz,*
> *sondern ein Gleichstellungsgesetz.«*

Frauen

Frauen in der DDR

»Die im Brustton der Überzeugung hervorgehobene Gleichberechtigung der Frau gehörte zum makellosen Bild, das die ›sozialistische Gesellschaft‹ von sich selbst entwarf, sie war der Stolz der Partei- und Staatsführung der DDR, die fast ausschließlich aus Männern bestand. In der Tat wurden die Frauen beruflich besonders gefördert, mit Frauenförderplänen, Frauensonderstudien, Frauensonderaspiranturen... Zweiundneunzig Prozent der Frauen übten einen Beruf aus, die große Mehrheit ganztags. (...) Die Hälfte der Hochschulabsolventen war weiblich, und nur sechs Prozent der Frauen hatten keine abgeschlossene Berufsausbildung. Frauen wurden geradezu gedrängt, sich weiterzubilden und Leitungsfunktionen zu übernehmen. Der Grundsatz ›Gleicher Lohn für gleiche Arbeit‹ war fest im gesellschaftlichen Bewußtsein verankert und im Prinzip auch durchgesetzt. Der Pferdefuß war nur: Häufig verrichteten die Frauen nicht die gleiche Arbeit wie die Männer, sie waren in schlechter bezahlten Berufen und niederen Positionen tätig, wie das auch im Westen der Fall war und immer noch ist. Die oberen Sprossen der Karriere-

67

leiter waren im großen und ganzen von Männern besetzt; das durchschnittliche Einkommen der Frauen fiel um ein Viertel geringer aus als das der Männer. Mit gut einem Drittel waren die Frauen in der DDR am Familieneinkommen beteiligt, die westdeutschen mit achtzehn Prozent.«
(*R. Hildebrandt:* Wer sich nicht bewegt, hat schon verloren, Bonn 1996)

»Der Frauentag, der 8. März, war im Osten natürlich der Ehrentag der Frauen. Da wurde überall gefeiert, es wurden Aktivistinnen ausgezeichnet, die Männer haben den Kaffee eingegossen – das Geschirr stehenlassen bis zum nächsten Tag, da war nicht mehr Frauentag.«
(Vortrag in der Universität Tübingen, 19. 1. 1994)

»Die Zeiten aus der Ulbricht-Ära, wo jede zarte Frau unbedingt Kfz-Schlosserin beziehungsweise Kraftfahrzeugmechanikerin für Busse werden mußte mit dem Ergebnis, daß sie den Auspuff, den sie einbauen sollte, nicht einmal tragen konnte, waren vorbei.«
(Rede im Landeskrankenhaus Merzig, 11. 5. 1994)

»Ich will die alte DDR nun wirklich nicht wiederhaben, aber es war doch Tatsache, daß eine Frau dort keine Angst haben mußte, ein Kind zu bekommen. Für Kinder wurde eben viel getan, so daß eine Frau immer wußte, daß sie ihr Kind ohne Not großziehen kann. Ich finde es erstrebenswert, unser soziales System so zu organisieren, daß Kinder auch heute willkommen sind. Kinder sollen nicht zu einer Mutprobe werden.«
(Manuskript für die Karl-Kübel-Stiftung, September 1995)

»Auch im Osten waren die Frauen nicht in der gleichen Gehaltsgruppe wie die Männer. Sie haben immer weniger verdient als die Männer. Aber vierzig Prozent des Familieneinkommens war von den Frauen. Im Westen sind es achtzehn Prozent. Und im Westen mißt sich nun mal alles am Geld – leider Gottes! Und deswegen haben die Frauen nischt zu sagen. Und dit möcht' ick ändern.«
(*Sat 1,* Talk im Turm, 27. 2. 1994)

Frauen und Beruf

Alice Schwarzer: »Wie können Frauen als Frauen zum Machtfaktor werden? Das ist die Frage, die mich beschäftigt.«

R. H.: »Bei mir geht das über die Berufstätigkeit, über die Tatsache des Einflußnehmens, über das Überall-drinne-Sein.«
(*Sat 1,* Talk im Turm, 27. 2. 1994)

»Auf einmal kommen die West-Frauen und sprechen von der ›wachsenden Erwerbsneigung‹ der Frauen. Da stehen die aus dem Osten da und gucken wie die Blöden. Sie waren die ganze Zeit berufstätig, sind jetzt arbeitslos, setzen sich mit den West-Frauen zusammen und sprechen über ›wachsende Erwerbsneigung‹. Verstehen Sie das?«
(*Saarbrücker Zeitung,* 8. 12. 1994)

»Je südlicher ich komme, desto mehr genieren sich die Frauen zu sagen, was sie wollen«, so Regine Hildebrandt. In Sachsen sei sogar geäußert worden, daß die Arbeitslosigkeit sinken könnte, wenn die »Erwerbsneigung« der Frauen nicht so hoch wäre, empörte sie sich.

»Ich will Sie aufhetzen, lassen Sie sich das bloß nicht gefallen.«
(*Eichsfelder Allgemeine*, 31. 5. 1996)

Die Frauen, sagte sie unter starkem Beifall, dürften sich die Ungerechtigkeiten nicht gefallen lassen. Beispielsweise gebe es »für Mädels viel zuwenig Ausbildungsplätze«, was sie geradezu »bescheuert« finde. Um die Unternehmen zum Einstellen zu animieren, zahle das Land für jeden weiblichen Lehrling einen einmaligen Zuschuß von 7000 DM. »Die Mädchen müßten also weggehen wie warme Semmeln.« Doch ihr Anteil an den Auszubildenden betrage lediglich dreißig Prozent.
(*Thüringische Landeszeitung*, Eichsfeld, 31. 5. 1996)

»Wenn in Westdeutschland nur fünfzig Prozent der Frauen berufstätig waren, denkt natürlich jeder, die sollen erst einmal von ihren zweiundneunzig Prozent im Osten auf fünfzig Prozent herunterkommen, dann können sie anfangen zu meckern. Ich sage Ihnen, wir können schön meckern, wir sind nämlich schon weit unter fünfzig Prozent mit der Frauenberufstätigkeit.«
(Referat vor der Evangelisch-lutherischen Landeskirche in Braunschweig, 23. 1. 1995)

Frage: »Wurde bei der Wiedervereinigung mit dem Einigungsvertrag die Chance vertan für die Gleichwertigkeit oder die Gleichberechtigung der Frau?«
Antwort: »Es ist in der Tat so, daß wir an den Zahlen der Arbeitslosen, die jetzt auf uns zukommen, sehen, daß die Frauen diejenigen sind, die die Last am stärksten zu tragen haben. Die Situation hat sich für die Frauen akut verschlechtert. Wir müssen unseren Frauen sagen, sie sollen sich stark machen, sie sollen sich nicht kündigen lassen, nicht in der Verunsicherung sich alles gefallen

lassen. Wenn man erst draußen ist, ist es noch schlimmer.«
(*ZDF*, Mona Lisa, 19. 4. 1992)

»Es ist jetzt so, daß Frauen entlassen werden, daß ihnen hinterher eingeredet wird, daß sie eigentlich mit der Technik nicht klarkommen. Daß die Ausschreibungen in Potsdam, die meine Mitarbeiterinnen kontrolliert haben, daß die so aussehen, daß für leitende Positionen über neunzig Prozent Männer gefordert werden, schon in der Ausschreibung – und für die miesen Dinger Frauen! Das ist unbeschreiblich. Also mit anderen Worten, das, was wir schon erreicht haben an Leistungsfähigkeit und wirklich nachgewiesener Kompetenz, das wird uns jetzt noch ausjeredet. Nicht nur, daß wir nicht schaffen, es zu verbessern, sondern wir sind auf dem Abwärtstrend. Das ist mir wirklich ganz schlimm. ›Frauentypische Berufe‹ heißt's jetzt wieder: Blumensteckerin.«
(*Sat 1*, Talk im Turm, 27. 2. 1994)

»Ich lese Ihnen jetzt mal die enormen Erfolge der Frauen beim Aufsteigen in höhere Positionen vor. 43,8 Prozent, Westdeutschland ist das jetzt, der Studienanfänger sind Frauen, 40,9 Prozent der Studierenden – sehen Sie, da sind schon die ersten 2,9 Prozent weg –, 39,2 Prozent der Absolventen, 26,3 Prozent der Promovierten, 22,3 Prozent der wissenschaftlichen Angestellten, 14,2 Prozent der C1-Stellen, 9,2 Prozent der Habilitierten sind Frauen, 8,6 Prozent haben C2-Professuren, 5,5 Prozent haben C3-Professuren, und 2,6 Prozent haben C4-Professuren. Da sehen Sie, wie die Frauen vertreten sind. Wenn sie mit Ach und Krach noch mit dem Studium anfangen, verbröseln sie sich ununterbrochen während des Studiums und natürlich auch während der

wissenschaftlichen Arbeit, während des Promovierens, während der Habilitation.«
(Vortrag in der Universität Tübingen, 19. 1. 1994)

»Daß Bildung und Ausbildung sich für Frauen weniger auszahlen als für Männer, ist ja nun keine neue Beobachtung.«
(*Jahrbuch »werden«,* 8. 9. 1994)

Zu Bildungsmaßnahmen für Frauen im Osten:
»Lernen ist also nötig. Nur sollte man sich eben bewußtmachen, daß das Ausgangsniveau, mit dem die Frauen jetzt in die Bildungsmaßnahmen hineingehen, keineswegs das von Abc-Schützen oder einheitsbedingten Hilfsschülern ist.«
(*TAZ,* 13. 2. 1993)

»Jetzt höre ich schon wieder, daß die Kindergärten geöffnet sind von neune bis zwölfe, na entzückend! Verstehn Se, da könn'n Se noch nicht mal ›achteltags‹ arbeiten, mit An- und Abfahrt.«
(*Sat 1,* Talk im Turm, 27. 2. 1994)

»Wir brauchen Kinder hier im Land, sonst können wir uns gleich auf Seniorenarbeit spezialisieren.«
(*Dresdner Neueste Nachrichten,* 18. 10. 1992)

»Es kann doch nicht sein, daß die Frauen sich um Kinder und Haushalt kümmern und die Männer Karriere machen. Und zwischen dem Karrieremachen lassen sie sich mal zu Hause sehen. Deshalb appelliere ich auch immer wieder an die Mädchen: Erlernt ja einen Beruf, laßt euch diese Chance nicht nehmen! Sonst macht ihr euch abhängig.«
(*Sächsische Zeitung,* 30. 10. 1992)

»Ich bin gar nicht für ›Karriere-Frauen‹, die verzichten ja in der Regel auf Kinder. Ich bin der Meinung, daß Berufs- und Familienarbeit von Frauen und Männern gemacht werden sollte. Frauen haben durch Berufsarbeit Mitsprache-, Mitwirkungsrechte und wirtschaftliche Unabhängigkeit – im Prinzip erst dadurch! Männer schieben die Verantwortung für Kinder und Familie den Frauen zu – ihre Mitwirkung fehlt oft. Das halte ich für falsch! Ich lebe das neue ›Modell‹ wie viele Frauen im Osten, deswegen bin ich sicher, daß das geht!«
(Brief an Frau K. vom 25. 4. 1994)

»Ich bin nicht der Meinung, daß jede Frau neben Haus- und Familienarbeit arbeiten muß, es müssen nur die Voraussetzungen dasein, daß sie es kann! Sie soll auch nicht wie eine Maschine von früh bis spät rackern, sondern auch den Partner an der Familienarbeit beteiligen, besser: gemeinsam die Arbeiten erledigen.«
(Brief an Frau R. vom 12. 10. 1994)

»Ihre Tochter freut sich, daß Sie mittags zu Hause sind als Berufstätige – natürlich! Wenn Sie immer zu Hause wären, gäb's dieses Freuen so überhaupt nicht!«
(Brief an Frau J. vom 16. 11. 1994)

»Das Ehegattensplitting ist für mich unerträglich. Sie begünstigen hier nicht etwa die Tatsache, daß Kinder erzogen werden, sondern sie begünstigen die Tatsache, daß eine Frau zu Hause ist und nicht berufstätig. Wissen Sie, man merkt die Absicht, und man ist verstimmt.«
(Vortrag in der Universität Tübingen, 19. 1. 1994)

»Der gelernte DDR-Bürger ist bestens mit allen möglichen Versuchen vertraut, Mängel schönzureden: Je knapper die Butter war, desto gesünder wurde die

Margarine; und weil es selten Apfelsinen gab, wurden Wohlgeschmack und Vitamingehalt von Weißkohl und Äpfeln stets besonders gepriesen. Viele ostdeutsche Frauen, denen jetzt Heim und Herd als ihre angestammte Domäne schmackhaft gemacht werden sollen, fühlen sich an solche durchsichtigen Tricks erinnert.«
(*R. Hildebrandt:* Wer sich nicht bewegt, hat schon verloren, Bonn 1996)

»Das neue System wünscht, daß leistungsfähige Betriebe hier entstehen, und leistungsfähig heißt: möglichst keine Frauen, schon gar keine mit Kindern und schon gar keine, die eventuell gebärfähig sind.«
(*VDJ-Forum*, März 1992)

»Wir haben ein ganz schäbiges Ergebnis, was die Frauenquote in Brandenburg anbelangt. Es ist geradezu blamabel. Und deswegen überkommt mich bei dem Thema ›Frauen in der Politik‹ die Wut. Entgegen meiner oft geäußerten Meinung, Quote sei nicht das richtige, überkommt mich nun der Ruf nach der Realisierung der Quote.«
(*Flensburger Tageblatt,* 19. 3. 1994)

»Ob man will oder nicht, ich habe jetzt immer mehr gelernt, die Quote ist nötig. Man muß darauf achten, daß Frauen nominiert werden und daß die Frauen dann auch gewählt werden – wenn denn die Wahl kommt, daß dann nicht wieder der größte Teil der Bevölkerung sagt: Na ja, mit den Frauen, so richtig war dit sowieso noch nie in der Politik, lassen wa dit mal.«
(*Sat 1,* Talk im Turm, 27. 2. 1994)

»Wollen wir, daß die Frau zu Hause ist, die Kinder versorgt, und wenn die Kinder groß sind, dem Mann weiter die Socken schön zusammenrollt?«
(*Sat 1*, Talk im Turm, 27. 2. 1994)

»Wichtig ist für Frauen, mitzubestimmen in dieser Gesellschaft. (...) Alles andere ist Beiwerk. Der Mann macht das schon. Und wenn er nett ist, baut er ihr auch ein Vermögen auf – aber wenn er nicht nett ist, prügelt er sie zufällig ein bißchen ...«
(*Sat 1*, Talk im Turm, 27. 2. 1994)

Erich Böhme: »Macht ihr (die Frauen) die bessere Politik?«
R. H.: »Davon bin ich überzeugt!«
(*Sat 1*, Talk im Turm, 27. 2. 1994)

Paragraph 218

»Wir wollen nicht das ungeborene Leben ›auf Deibel komm raus‹ schützen, sondern wir wollen, daß das geborene Leben geschützt wird.«
(Rede auf dem SPD-Parteitag in Essen, 25. 6. 1993)

Ihr platzte am Dienstag abend der Kragen angesichts der »Herren über sechzig, die hier über Schwangerschaftsabbrüche reden«. (...)«. »Diese Embryonen stecken anscheinend in Gebärmaschinen«, monierte Hildebrandt. Ihr fehlten die schwangeren Frauen, deren Lebenswirklichkeit nie zur Sprache käme.
(*TAZ*, 10. 12. 1992)

»Sie sagen: Zurück zur Stricknadel ist übertrieben. In einer Diskussion mit mir sagte Herr Schäuble auf meine

Frage, daß er keine Frau kennt, die den Abbruch nicht bezahlen kann. – Ich kenne viele.«
(Brief an Frau M. vom 24. 6. 1993)

»Ich glaube, Sie mißverstehen mich! Ich habe drei Kinder mit meinem Mann großgezogen, kein Kind abgetrieben und wünsche das auch allen Frauen und Ehepaaren. Wir geben in Brandenburg für Frauen, die wenig Geld haben, die Antibabypillen kostenlos ab! Wir wollen ungewollte Schwangerschaften verhüten! Abbrüche sind für mich kein Mittel der Familienplanung! Aber wenn trotz allem eine Frau schwanger wird und sich die Austragung des Kindes und ein behütendes Aufziehen nicht zutraut, muß *sie* darüber entscheiden, kein anderer!«
(Brief an Frau K. vom 1. 5. 1994)

»Ich bin grundsätzlich gegen eine Zwangsberatung, und ich bin auch grundsätzlich dagegen, daß Frauen den Schwangerschaftsabbruch selbst bezahlen müssen. Das halte ich für ein Ersetzen von Strafrecht durch Bestrafung im Sozialbereich.«
(Rede am 25. 7. 1995)

Sozialministerin Regine Hildebrandt nannte es »unbegreiflich, daß am Ende des zwanzigsten Jahrhunderts in der Hierarchie das ungeborene Kind immer noch über die Frau gestellt wird«.
(*Märkische Allgemeine Zeitung,* 24. 6. 1993)

»Ich möchte Ihnen danken für Ihre fürsorglichen und bestätigenden Worte. Sie haben mir gutgetan, denn Sie können sich denken, welcher Art Briefe von Lebensschützern kamen. Sogar einen strangulierten Plastikembryo habe ich erhalten!«
(Brief an Herrn J. vom 13. 9. 1993)

»Ich sitze im Auto, beantworte Post, komme gerade von einem Vortrag aus Mecklenburg-Vorpommern (...) und habe gerade einen Stoß übler Beschimpfungsbriefe auf dem Schoß (Paragraph 218). Da dachte ich mir, ich will erst mal zur Entspannung die Glückwunschkarte von Ihnen lesen ...«
(Brief an Frau N. vom 20. 6. 1993)

»Verblüfft bin ich, wie Sie moderat und elegant mir doch eigentlich ziemliche Gemeinheiten unterjubeln: geifernde Äußerungen zum Paragraphen 218: Was hätten Sie empfunden, wenn Ihnen nach zwanzig Jahren eine für Frauen bedeutende Regelung einfach eingeschränkt und abgeschafft würde? Im Osten wurden deutlich mehr Kinder geboren!«
(Brief an Herrn J. vom 6. 6. 1994)

»Ich sitze gerade im Flugzeug auf dem Weg nach Karlsruhe zur Bundesverfassungsgerichts-Urteilsverkündung zum Paragraphen 218 – na, das wird eine Strapaze: Wir werden unsere Fristenregelung verlieren. Es ist schier zum Verzweifeln. Am Ende des 20. Jahrhunderts!«
(Brief an Frau M. vom 28. 5. 1993)

»Ich sage es immer wieder, fast gebetsmühlenartig: Wir hatten mit der Fristenregelung im Osten deutlich höhere Geburtenraten als der Westen über die Indikationsregelung. Nicht mehr Abbrüche gab es im Osten, sondern mehr Kinder.«
(Diskussion zur Gleichstellungsorientierten Familienpolitik, Bonn, Juli 1995)

Gleichberechtigung

»Es ist nach wie vor ein großer Unterschied zwischen Ost- und Westfrauen. Das muß man immer wieder konstatieren. Die Feministinnen, die Frauenbewegungen in Westdeutschland haben über viele Jahre versucht, ihre Emanzipation durchzukämpfen. Durchzukämpfen auch gegen einen Teil der Frauen, der weiblichen Bevölkerung, die dieses überhaupt gar nicht wollten, die es zum Teil heute noch nicht wollen, und gegen eine Männerschar, die gut etabliert war, gute Beziehungen hatte und in den besseren Positionen saß. Das prägt. Das, was sie erkämpft haben, wissen sie zu schätzen und wissen sie auch zu verteidigen.
Im Osten war das systemimmanent. Es war gelebt, weil die Gesellschaft es so wollte. Es war überhaupt nicht erkämpft oder mental verinnerlicht, sondern es war selbstverständlich.«
(*WDR*, Zeitzeichen, 27. 3. 1995)

»Wir wollen kein Frauenförderungsgesetz, sondern ein Gleichstellungsgesetz. Wenn die Männer benachteiligt werden, werde ich mich für sie einsetzen.«
(Landtag Brandenburg, Juni 1994)

»Wenn Sie allein erziehen, haben Sie das zweitsicherste Armutsrisiko hier in Europa. Also ich bitte Sie, daß da nicht ein Aufschrei durch die ganze Nation geht hier, das wundert mich – auch noch im Jahr der Familie.«
(Vortrag in der Universität Tübingen, 19. 1. 1994)

Zur Familienunterstützung

»Dit is'n Witz. Da kriegen Se 75 Mark fürs erste Kind. Pro Monat, nich' pro Tag. Dit reicht doch nich' mal für zwee Jeburtstagsgeschenke für die Schulfreunde.«
(*Abendzeitung*, München, 21. 2. 1994)

»Sie haben recht, es ist ungerecht, daß die Kindererziehungszeiten nicht angemessen anerkannt werden. Wir haben in den Frauenministerinnenkonferenzen diese Forderung wiederholt gestellt, aber wir konnten sie bei der Bundesregierung nicht durchsetzen! Ich kümmere mich weiter darum!«
(Brief an Frau E. vom 12. 5. 1995)

»Wir wollen diesen Lebensentwurf, den wir im Osten hatten, unter schwierigen Bedingungen für die Frauen, den wollen wir nun ein bißchen bequemer hinkriegen – aber mit der Frau als Partnerin des Mannes, auch berufstätig, wenn sie es wünscht. Und ich hoffe, sie wünscht es.«
(*Sat 1*, Talk im Turm, 27. 2. 1994)

»Mittlerweile ist der Ostmann dem Westmann, der sich im Durchschnitt täglich ganze vier Minuten haushälterisch verausgabt, wieder dicht auf den Fersen.«
(*Der Korrespondent*, 4. Quartal 1994)

»Die Beschäftigung mit sich selbst und den eigenen Unvollkommenheiten macht nicht nur verständnisvoller für die Fehler anderer, sondern auch vorsichtiger und empfindsamer für die eigenen Urteile.«

Regine Hildebrandt über sich

Kindheit und Jugend

Frage: »Waren Sie eigentlich die älteste Tochter, Frau Hildebrandt?«

Antwort: »Ja, die älteste Tochter. Aber ich hatte noch 'nen älteren Bruder. Der war der älteste Sohn.«

(*Hessischer Rundfunk,* Holgers Waschsalon, 4. 11. 1992)

»›Das Kind schweige in der Familie‹ war nicht unser Ding. Wir haben sehr den geselligen Austausch gepflegt zu Hause. Und auch bei den Mahlzeiten wurde geredet. Allerdings: Mit vollem Mund sollte ich immer nicht reden, das weiß ich ganz genau. Das war eine Herausforderung, die ich nie bestanden habe, bis heute nicht. Allerdings muß ich sagen, daß das auch eine Frage der Auffassung ist. Also wenn einem da die Makkaroni rausquellen, wenn man gerade beim Essen ist, dann finde ich das nun auch nicht schön! Aber wenn wir am Tisch sitzen, beim Frühstück, möchte man sich ja unterhalten. Aber beim Frühstück hat ja doch eigentlich jeder was im Mund, zumindest zeitweilig. Und wenn ich dann frage: Ach, wie war das neulich?, hat der gerade abgebissen. Fängt er an zu kauen, 32mal, können Sie

sich ja vorstellen – mit anderen Worten, alle sitzen da:
Ja, wie war denn das neulich? – und dann warten sie
und warten sie! Verstehen Sie, dann würde ich aufhören
mit dem Gespräch!«
(*SFB,* Mal ehrlich, 16. 6. 1995)

Zur Schule ging sie zunächst im Westen. Ab der Sech-
sten mußte sie dann aber in den Osten, wo die anderen
Kinder schon ein Jahr Russisch hatten. »Im ersten Dik-
tat sollte ich das Wort ›Zentralkomitee‹ schreiben. Dat
hat ick nu ja noch nie jehört. Schreibt man dit nu mit
zwei m oder zwei e, hab' ick mich jefragt.«
(*Mittelbayerische Zeitung,* 7. 11. 1995)

Frage: »Waren Sie eigentlich eine gute Schülerin?«
Antwort: »Ja, ich war immer eine exzellente Schülerin; ich
    hatte sogar in Sport 'ne Eins.«
    (*Deutschlandfunk,* Zwischentöne, 6. 2. 1994)

»Ich bin nie ein Kämpfer gewesen für die Sache und
hab' die Leute nie mit meiner Meinung behelligt. Ich
wollte bloß auch nicht behelligt werden. Und das
gelingt Ihnen ja denn nicht in der Schule. Und deswegen werden Sie in Diskussionen verwickelt, und deshalb werden Sie als jemand identifiziert, der dagegen
ist, und deswegen werden Sie auch benachteiligt. Mein
Direktor damals an der Max-Planck-Oberschule hat
gesagt, er wird mir alles in den Weg legen, was er nur
kann, um mein Studium zu verhindern.«
(*Deutschlandfunk,* Zwischentöne, 6. 2. 1994)

»Meine Mutter sagte, daß ich schon sehr früh sehr
guten Geschmack entwickelt habe. Es gab da verschiedene Kekse, und die dänischen mit Butter, die habe
ich also rausgefunden. Ich konnte noch gar nicht

richtig sprechen, aber ich griff immer zur richtigen
Tüte.«
(*Deutschlandfunk,* Zwischentöne, 6. 2. 1994)

»Mein Vater ist zweimal nach Amerika gefahren. Und
dann hat er immer in der Nachkriegszeit, wenn wir
nichts zu heizen hatten und im Bett lagen und erzählt
und Karten gespielt haben, erzählt von der Amerika-
fahrt. Und dann hat er mir immer gesagt: ›Also, da ist
eine Kabine, Kajüte, und da kannste auf 'n Knopf drük-
ken, und dann kommt der Steward, und dann sagt er:
Gnädiges Fräulein, was darf ich Ihnen bringen, was
wünschen Sie?‹ Und dann kam immer von mir wie aus
der Pistole geschossen: ›Eine Rolle Drops!‹ Und mein
Vater hat mir versucht klarzumachen, daß man sich
doch dann Erdbeeren mit Schlagsahne oder sonstwas
wünschen konnte. Aber dis spielte bei mir keine Rolle.
Das Schönste, was ich mir vorstellen konnte, war eine
Rolle Drops.«
(*Deutschlandfunk,* Zwischentöne, 6. 2. 1994)

»Die alten Rezeptbücher meiner Mutter gehörten bei
uns 45 immer zum Witzprogramm. Wenn da z. B. drin-
steht: Man nehme zehn Eier – wenn da die Zuteilung
war für 'ne Familie, wenn sie Glück hatte, zwei Eier.«
(*WDR,* Alfredissimo, 9. 11. 1996)

Sie sagt, sie war als Mädchen eine Spätentwicklerin.
Freunde, Freundschaften, die Nacht durchquatschen,
»aber nich' anne Kleider«.
(*Emma,* Oktober 1991)

Frage: »Was haben Sie damals gemacht, wenn Sie Jung-
mädchenkummer hatten?«
Antwort: »Na, ich versuche dann, etwas dagegenzusetzen.

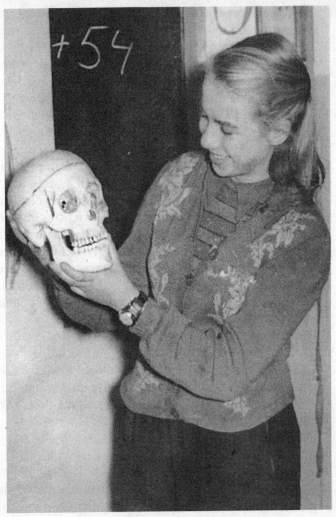

Die 13jährige während des Biologieunterrichts in der Schule

Entweder ich fange dann an, sauberzumachen oder Klavier zu spielen, oder bin unterwegs und wandere oder lerne was oder bin mit Freunden unterwegs oder gucke mal wieder, ob ich den ganzen Spielplan von der Komischen Oper schon kenne, und dann marschier' ich dahin – Strategien dagegen aufbauen!«
(*WDR,* b.trifft, 1995)

Frage: »Was ist Musik für Sie? Was war für Sie Musik?«
Antwort: »Ich bin mit Musik aufgewachsen. Bei uns stand immer, auch nachdem wir ausgebombt waren gleich wieder, 'n Klavier, was wir uns dann besorgt hatten. Das gehörte also zum Leben dazu. Das war richtig einer der Mittelpunkte der Familie. Meine Mutter hat auch Klavier gespielt, hat dann aber aufgehört, weil mein Vater es nun alles soviel besser konnte. Da war also von morgens bis abends was, wir haben auch Klavierunterricht gehabt, mein Bruder auch, der hat dann noch Geige und Horn dazugelernt, da wurde geübt.«
(*Deutschlandfunk,* Zwischentöne, 6. 2. 1994)

»Ich habe Klavier gespielt. Aber ich kann kein Stück so, daß ich sagen könnte, jetzt werd' ich mal 'n guten Eindruck machen und konzertreif irgendwas spielen. Dit kann ich alles nich'.«
(*Deutschlandsender Kultur,* Musikalische Weltliteratur, 11. 12. 1993)

»Ich hab' die Brandenburgischen Konzerte genau in der gleichen Art, wie heute Musik konsumiert wird, gehört – nicht ganz so laut, aber eben laufend. Mein Vater sagte dann schon, er könne sich das auch als Strafe vorstellen. Wenn man immer Brandenburgische Konzerte hören würde, das wäre für'n Knast zu empfehlen. Ich könnte es von morgens bis abends hören und höre auch heute

noch in meinem Dienstwagen die Brandenburgischen Konzerte oder die Bachsuiten.«
(*Deutschlandsender Kultur,* Musikalische Weltliteratur, 11. 12. 1993)

Frage: »Mit wem haben Sie vierhändig Klavier gespielt?«
Antwort: »Mit meinem Vater. Mit meinem Mann habe ich so meine Schwierigkeiten, der will nicht so richtig.«
(*Deutschlandfunk,* Zwischentöne, 6. 2. 1994)

»Ich will nicht hochstapeln. Ich bin nicht im Pfarrhaus aufgewachsen, nur daneben! Mein Schwiegervater und Schwager sind Pfarrer, mein Vater nicht!«
(Brief an Herrn W. vom 25. 3. 1996)

»Meine Mutter hat mich nicht vom Reiten zum Ballett gefahren.« Statt dessen sei sie in jämmerlichen Verhältnissen groß geworden. Die Wohnung teilte ihre Familie mit anderen, das Klo war auf der Treppe. Weil sie als Kind Angst hatte, alleine auf die Toilette zu gehen, stand ihre Mutter als Wachposten auf dem Flur und fragte durch die Tür das Einmaleins ab. »Deshalb kann ick dit Einmaleins so jut.«
(*Hannoversche Allgemeine Zeitung,* 24. 11. 1995)

Charakter

»Wenn man sich selbstbewußt durchsetzt, dann wirkt es immer so, als ob man möglicherweise rechthaberisch ist. Ich hoffe, ich bin es nicht.«
(*Radio Bremen,* Frauengeschichten, 1991)

Frage: »Können Sie sich kurz charakterisieren?«
Antwort: »Belastbar, auf jeden Fall. Unternehmungslustig. Auch, sagen wir mal, zäh. Ich weiß, was ich will, und

das mach' ich auch. Und da schaff' ich auch 'ne ganze Menge, und das kann ich systematisch organisieren. Die negativen Eigenschaften, die dann dazu passen, sind natürlich die, daß es auch bevormundend wirken kann oder rechthaberisch. Das ist ja immer die Kehrseite der Medaille. Und ein bißchen ungeduldig, wenn's immer nicht so klappt, wie ich mir das vorstelle.«
(*Schülerzeitung Mpi,* 1. Gymnasium Berlin-Mitte, September 1993)

»Ich bin eigentlich kein Mensch, der aufgibt.«
(*TAZ*, 18. 4. 1991)

»Die Beschäftigung mit sich selbst und den eigenen Unvollkommenheiten macht nicht nur verständnisvoller für die Fehler anderer, sondern auch vorsichtiger und empfindsamer für die eigenen Urteile. Eine solche tägliche Ermahnung glaube ich nötig zu haben, im Umgang mit meiner Familie, mit den Freunden und Kollegen.«
(*Publikforum,* Februar 1994)

Frage: »Wo würden Sie sich einordnen in einer Skala zwischen raffiniert und naiv? Sind Sie eher naiv oder eher raffiniert?«
Antwort: »Na, eher naiv, aber unbedingt! Raffiniert will ich nicht sein, raffiniert ist schlitzohrig. Pfiffig könnten Sie ja mal sagen, pfiffig würde ich gern mal sein. Aber wenn Sie 'ne Skala haben zwischen raffiniert und naiv, möcht' ich lieber naiv sein. Aber nicht, daß Sie jetzt sagen, ich möchte immer lieber naiv sein.«
(Talk-Show in der Klinik Bad Trissl, 18. 2. 1994)

»Ich werde nicht widersprechen, wenn man mich eine ›Traditionstante‹ nennt. Ich halte es für wichtig, daß

Gemeinschaften so etwas wie Gewohnheiten und Bräuche entwickeln, denn sie stärken das Zusammengehörigkeitsgefühl. (...) Ich habe nie gelernt, nur für mich allein zu denken, ich habe mich immer als Teil von Gruppen begriffen.«
(*R. Hildebrandt:* Was ich denke, München 1994)

»Mir ist Macht suspekt. Ich möchte nicht Macht ausüben, im Gegenteil, ich kriege höchstens einen Schreck davor.«
(*VDJ-Forum*, März 1992)

Frage: »Was ist für Sie das Faszinierende an der Macht?«
Antwort: »Jetzt kommen wir an einen Punkt, an dem ich Ihnen widersprechen muß. Mich fasziniert Macht überhaupt nicht, sondern mich macht Macht höchstens sehr skeptisch. Der Machtmißbrauch ist mir immer so bewußt, daß jedes Ausüben von Macht bei mir einer internen Kontrolle unterliegt. Mir kommt es nicht auf Machtausübung an, mir kommt es auf partnerschaftliches Agieren an. Bloß Sie brauchen eben dafür Mehrheiten, und insofern will ich nicht so tun, als ob die Macht keine Rolle spielt.«
(*WDR*, Zeitzeichen, 27. 3. 1995)

Frage: »Überprüfen Sie gelegentlich Ihre schlechten Gewohnheiten, falls Sie überhaupt welche haben sollten?«
Antwort: »Na klar. Mein Mann ist immer der Meinung, wir seien alle zu laut – ich, die Kinder aber auch. Aber ich habe einen Entlastungsgrund: Meine Mutter ist sechsundachtzig und ein bißchen schwerhörig. Und da hat man immer 'n Alibi!«
(Talk-Show in der Klinik Bad Trissl, 18. 2. 1994)

Frage: »Sehnen Sie sich eigentlich manchmal nach Ruhe, oder ginge das gegen Ihr Naturell?«

Antwort: »Also richtig Ruhe geht sicher gegen mein Naturell, aber man kann ja nun auch einen normalen Lebensablauf so und so gestalten. Im Moment ist es ein bißchen zu aufregend. Ein bißchen mehr Ruhe als jetzt könnt' ich sehr gut gebrauchen.«

(*Deutschlandsender Kultur,* Musikalische Weltliteratur, 11. 12. 1993)

»Ich habe so eine Art Code. Das heißt, ich brauche keine vierzehn Tage, um mich zu erholen, ich guck' mir den Wald an oder jetzt den Mond, irgendwie rasten die Relais auf ›Entspannung‹ ein, und schon bin ich auf sehr intensive Weise beruhigt.«

(*H.-D. Schütt:* Regine Hildebrandt: Bloß nicht aufgeben, Berlin 1992)

Frage: »Was ist für Sie Glück?«

Antwort: »Für mich persönlich, daß sich die eigene Zufriedenheit paart mit der Zufriedenheit derer, mit denen man zusammenlebt und -arbeitet.«

(*Thüringer Allgemeine,* 10. 7. 1993)

»Ich bin, so streitbar man mich manchmal erlebt, sehr auf Harmonie bedacht. Man darf nur nicht versuchen, sie mit dem Vertuschen von Konflikten zu erkaufen. Ich plädiere sehr für das Austragen von Meinungsverschiedenheiten; eine Auseinandersetzung sollte aber auf jeden Fall das Ziel haben, die Harmonie wiederherzustellen.«

(*R. Hildebrandt:* Was ich denke, München 1994)

»Über nichts kann ich mich mehr ärgern als über Ungerechtigkeiten.«
(*Ostseezeitung*, 2. 8. 1993)

»Ich trau' mich nur, soviel herumzumeckern«, ruft sie in
der überfüllten ›Kulturbrauerei‹ im Ost-Berliner Pro-
blembezirk Prenzlauer Berg aus, »weil ich Optimist bin.«
(*Kölner Stadt-Anzeiger*, 7. 8. 1992)

Auf den Wunsch von Günter Grass, sie möge sich für
das Amt der Bundespräsidentin bewerben, erwiderte
sie: »Ich möchte es nicht sein. Repräsentieren war für
mich von jeher das letzte.«
(*TAZ*, 17. 2. 1993)

Äußeres

»Für meine Verhältnisse sehe ich zur Zeit sehr gepflegt
aus.«
(*Radio Bremen*, Frauengeschichten, 1991)

Brief an Regine Hildebrandt: »Sehr geehrte, liebe Frau Hildebrandt! (...) Ich möchte so gern Ihr Äußeres ein bißchen weiblicher gestalten, daher zur Probe die Ohrclips.
Ihren Gefühlsausbruch darüber kann ich mir lebhaft
vorstellen. Vielleicht probieren Sie zur nächsten Fest-
lichkeit etwas Ähnliches...«
Antwort: »Liebe Frau W.! Herzlichen Dank für Ihren netten
Brief – und die Ohrclips. Es ist sehr fürsorglich von
Ihnen, daß Sie mich etwas schöner machen wollen,
aber das klappt nicht. (...) Lassen Sie mich lieber so bleiben, wie ich nun mal bin. Ich habe noch nie Schmuck
getragen.«
(Brief an Frau W. vom 1. 9. 1995)

89

»Aber zu dünn bin ich nicht! Das scheint nur so, weil ich im Gesicht elend aussehe! 120 Pfund!«
(Brief an Herrn M. vom 22. 4. 1993)

»Ich habe auch ohne jeden Schaden mein Leben lang abgelegte Sachen von Westverwandten getragen – deshalb die andere Sicht!«
(Brief an Herrn K. vom 15. 2. 1995)

»Aber zu der Kleiderfrage muß ich widersprechen: Ich werde weiter mit Hilfe einer Freundin Normalkäufe machen und keine Boutiquen-Kleidung tragen. Das gehört zu meiner Art des ›Repräsentierens‹ auch dazu.«
(Brief an Frau M. vom 7. 5. 1994)

Frage: »Wieviel Geld geben Sie im Durchschnitt monatlich für Ihre Garderobe aus?«
Antwort: »Det weeß ick nich'! Aber ick geb' jetzt wat aus. Früher hab' ich immer nur geerbte Sachen aus dem Westen getragen.«
(*WDR*, b.trifft, 1995)

Brief an Regine Hildebrandt: »Ihre Zeit ist kostbar, und ich mach's einfach kurz! Ich bin eine alte Rentnerin, hatte das gleiche Haarproblem wie Sie und Erfolg mit Floracell nach der ersten Haarwäsche. Da Sie ja so sehr viel jünger sind als ich, ist dieses Mittel Ihnen ganz sicher hilfreich!«
Antwort: »Endlich möchte ich Ihnen für Ihren netten Rat mit den Haaren danken. Ihr Brief liegt schon seit dem 12. 7. bei mir, ich bin nicht dazu gekommen. Und da sind wir schon beim Problem Zeit. Ich dusche jeden Morgen und wasche meine Fusselhaare gleich mit. Die sind nämlich schrecklich dünn! Da nehme ich Haar-

festiger, und das war's. Ich glaube kaum, daß für meine
Haare eine Hilfe möglich ist.«
(Brief an Frau S. vom 13. 9. 1993)

Stimme und Reden

»Ich rede eben laut, damit die Leute mich verstehen.
Und mich versteht man auch im Altenheim.«
(*Focus*, 15. 2. 1995)

»Neulich schrieb mir jemand erbost, seine Katze würde
sich sofort unter dem Sofa verkriechen, wenn Regine
Hildebrandt im Fernsehen auftritt. Es ist ja wahr, mein
Timbre in der Diskussion ist nicht immer ganz ausge-
wogen und melodiös, aber ich habe es immer für besser
gehalten, direkt und unmittelbar zu reagieren, statt die
Kunst der Selbststilisierung zu lernen.«
(*Gala*-Umfrage, 25. 11. 1994)

»Ick bin zu laut, ick weeß. Aber ick hab 'nen guten Entlastungsgrund – 'ne schwerhörige Großmutter.«
(*Abendzeitung*, München, 21. 2. 1994)

Brief an Regine Hildebrandt: »Aus der Ferne kann ich Ihre
Arbeit nicht beurteilen, was ich aber beurteilen kann,
ist Ihre Stimme. Es darf doch nicht wahr sein (Ihre For-
mulierung oft), daß alle zur Fernbedienung greifen, um
den Ton abzustellen, wenn Sie anfangen zu schreien.
Man möchte doch auch gerne hören, was Sie zu sagen
haben, aber die Schreistimme läßt immer wieder den
Knopfton ausdrücken. Wir haben Sie einmal singend in
einem Kirchenchor gesehen, da war Ihre Stimme doch
normal, warum schreien Sie denn, wenn Sie den Zuschauern und Hörern etwas zu sagen haben?«

Antwort: »Ich erlebe oft, daß Menschen nicht verstehen, weil sie die Worte der Redner nicht hören können, weil sie zu leise reden. Ich möchte, daß alle Menschen mich verstehen, wenn ich rede. Ich denke, das ist ein Gebot der Höflichkeit.«
(Brief an Herrn N. vom 26. 9. 1994)

»Ja, mit dem schnellen Sprechen ist das ganz kompliziert: Ich möchte viel unterbringen, ich möchte nicht langweilig werden. Ich möchte die Leute mitreißen – und dann ist es so schnell! Ich sehe mir die Leute an; wenn ich den Eindruck habe, daß es nicht verstanden wird, wiederhole ich es – aber schnell ist es immer! Ich werde mir Mühe geben!«
(Brief an Frau M. vom 9. 2. 1994)

»Also, was ich unbedingt noch zu meiner Ehrenrettung sagen muß: Ich kann schnell reden, ich kann viel reden, auch zu allen möglichen Themen. Aber wissen Sie, wenn ich unterwegs bin – und natürlich auch viel rede! – und dann die Leute kommen und anfangen zu erzählen oder zu fragen, da gibt es ja verschiedene Möglichkeiten, damit umzugehen. Nämlich z. B. wenn man merkt, da erzählt einer wieder dieselben Sachen, kennt man schon, sind ja auch gleiche Schicksale, daß man dann gleich abwürgt, damit die Versammlung weitergeht – so wat kann ick z. B. nicht. Und wenn's wirkliche Probleme sind, da kann ich stundenlang zuhören – bloß mal so für'n Hinterkopf. Und nu' red' ick weiter!«
(Talk-Show in der Klinik Bad Trissl, 18. 2. 1994)

»Sie sagen, Sie verstehen meinen Einsatz, aber nicht die Taktlosigkeit des Unterbrechens. Ich kann es einfach nicht ertragen, daß an Sachverhalten vorbeigeredet wird, wenn die Zeit so knapp ist. Herr Waigel hat (trotz

meiner Interventionen) auch in den zehn Minuten deutlich länger (mehr Minuten!) geredet als ich! Wahrscheinlich wirkt das anders...«
(Brief an Frau D. vom 5. 3. 1993)

»Merken Sie wirklich nicht, daß meine Zwischenrufe (z. B. Merkel) dazu dienen, Inhalte zu klären, nicht so lange leere Passagen zuzulassen (Waigel). Warum sind die Bürger so politikmüde? Weil sie diese Leerformeln satt haben!«
(Brief an Frau S. vom 10. 3. 1993)

Antwort an Regine Hildebrandt. »Es ehrt Sie unumstößlich, daß Sie mir trotz meiner harten Kritik – sogar handschriftlich, persönlich-freundlich – geantwortet haben. Das hätte ich ehrlich gesagt nicht erwartet.«
(Brief von Frau S. vom 13. 5. 1993)

»Mit dem Langsamerreden wird das wohl nichts werden. Ich komme gerade aus Karlsruhe, wo das Verfassungsgericht über den Paragraphen 218 entschieden hat. Ich konnte mich wieder nicht bremsen!«
(Brief an Herrn H. vom 28. 5. 1993)

»Es ist so, daß ich das, was ich gesagt habe, auch immer meine. Insofern sage ich nicht: Hätt'ste das bloß nicht gesagt. Durch das Reißen aus dem Zusammenhang wird es dann aber manchmal ganz anders interpretierbar. Aber das kann man nie verhindern, und wenn man sich noch so vorsichtig ausdrückt.«
(*Ruprecht,* November 1993)

»Ich benutze Kraftausdrücke selten und kann zu meiner ›Entschuldigung‹ nur sagen: 1. Der Ton macht die Musik – bei mir hört es sich nicht vulgär an! 2.

93

Schon Luther sagte, man solle dem Volk aufs Maul schauen – mal ist das auch mit Kraftausdrücken verbunden!«
(Brief an Frau L. vom 18. 6. 1995)

»Seriöse Vorträge liegen mir nicht so richtig. Ich bin eigentlich mehr auf Gespräch aus und hoffe nur, daß Sie mich, wenn ich in Schwung komme, auch bei der Akustik noch gut verstehen, wenn nicht, melden Sie sich.«
(Referat vor der Evangelisch-lutherischen Landeskirche in Braunschweig, 23. 1. 1995)

Sie redet immer frei. Im Hause Hildebrandt bleibt der Posten des Redenschreibers dauerhaft vakant: »Ich könnt' nichts ablesen. Ich verstehe nicht mal, was auf dem Programm für heute steht.«
(*Politik und Wirtschaft*, 1/95)

»Herzlichen Dank für Ihren Brief, über den ich mich gewundert habe: Sie können sicher finden, daß ich zu laut bin, daß ich zuviel rede (lassen Sie sich an die Länge der Reden von Gysi erinnern – unaufgefordert!), aber nicht, daß ich nicht mehr weiß, was die Leute bewegt, was im Lande los ist! Ich bin doch nun wirklich so viel unterwegs, daß mir daraus schon Vorwürfe gemacht werden!«
(Brief an Herrn H. vom 22. 5. 1996)

Engagement

Frage: »Sie produzieren unheimliche Energie. Wie lange ist das durchzuhalten, wo tanken Sie auf?«
Antwort: »Ja, ich mache weiter, auch wenn es kein Grand

mit vieren ist. Hauptsache, ich habe nicht ununterbrochen ein Null-Blatt.«
(Brief an Frau P. vom 3. 3. 1993)

Frage: »Warum schmeißen Sie Ihren Job denn nicht hin?«
Antwort: »Weil ich versuche, zumindest an den Sympto-
men herumzudoktern, wenn ich schon die Ursachen
der Misere nicht ändern kann.«
(*Weserkurier*, 26. 11. 1994)

»...und eins ist sicher – solange ich in Amt und Würden bin, wird sich daran nichts ändern, daß ich mich
für eine sozial gerechtere Gesellschaft einsetze.«
(Brief an Herrn F. vom 10. 6. 1993)

»Wenn ich mit meinem jetzigen Amt nichts erreiche,
dann ziehe ich mich in kleinere Bereiche zurück.«
(*Südkurier*, 3. 2. 1996)

»Ich bin keine Grüblerin, ich wälze nicht ausgefallene
Ideen und philosophische Gedanken hin und her, um
schließlich an der Welt zu verzweifeln. Ich bin nicht der
Geist, der über allem schwebt und das Leben aus gro-
ßem Abstand betrachtet. Was ich denke, ist mit meinen
Erfahrungen verbunden und mit dem Drang, immer
sofort zu tun, was ich als notwendig erkenne.«
(*R. Hildebrandt:* Was ich denke, München 1994)

»Das ist die Gratwanderung, die ich versuche zu meistern; nämlich zum einen zu motivieren, zum anderen,
die Realität nicht aus den Augen zu verlieren, gleichzeitig aber nicht zu resignieren.«
(*Südkurier*, 3. 2. 1996)

95

Frage: »Sie sagten einmal, daß Ihre Mission sei, Hoffnung zu stiften. Inwieweit gelingt Ihnen das?«

Antwort: »Ich glaube, das gelingt mir relativ gut. Weil ich eben nicht diejenige bin, die wie Kassandra irgendwas heraufbeschwört, sondern weil ich immer versuche, den Leuten so 'n Stück Pack-Ende zum Anfassen zu geben. Es ist zwar nicht für den großen Wurf, aber es ist eine Möglichkeit, die sich ihnen erschließt.«

(*Deutschlandsender Kultur,* Musikalische Weltliteratur, 11. 12. 1993)

»Ich komme ja nicht überall wie ein Wirbelwind und verschüchtere die Leute. Sondern, verstehen Sie, es geht mir um die Sache!«

(*WDR,* b.trifft, 1995)

»Ich habe mein Leben lang sehr viel gearbeitet, kann mich an wenigem freuen und leicht entspannen. Dann kommt die Familie dazu. Und die kirchliche Bindung. Dieses alles, aber das ist es nicht. Eigentlich ist es für mich so: Jedes Problem der Menschen betrifft mich persönlich.«

(*Lausitzer Rundschau,* 17. 2. 1992)

Motive für ihr Engagement

»Ja, ich mache gerne weiter wie bisher – ich kann ja gar nicht anders . . .«

(Brief an Frau K. vom 21. 1. 1994)

Frage: »Sie sind eine sehr engagierte Frau. Glauben Sie, daß Sie etwas ändern können?«

Antwort: »Das glaube ich auf jeden Fall. Wenn ich das nicht glauben würde, dann würde ich lieber ein ruhiges

Leben führen. Ich frage nicht: Geht das, oder geht das nicht? Ich mache es, und damit kann ich ja zeigen, daß es geht.«
(*Sächsische Zeitung,* 30. 10. 1992)

»Ich bin gegen Lob geradezu allergisch. (...) Für mich ist das Kriterium, daß ich sehe, daß das, was ich tue, ankommt. Das ist für mich das wichtigste.«
(*Deutschlandsender Kultur,* Musikalische Weltliteratur, 11. 12. 1993)

»Man muß sein Maß der Dinge in sich haben, tun, was man für richtig hält und was einem möglich ist. Wenn ich das erreiche, dann bin ich eins mit mir. Nicht zufrieden, weil ich immer etwas mehr schaffen möchte, aber eins mit mir.«
(*R. Hildebrandt:* Was ich denke, München 1994)

»Ich möchte Ihnen herzlich danken für Ihren Brief mit Ihren persönlichen Erfahrungen aus schwerer Zeit. Es ist für mich ganz wichtig, auch immer wieder durch persönliche Schicksale bestärkt zu werden bei dem, was mir von innen her selbstverständlich ist.«
(Brief an Frau D. vom 19. 6. 1993)

»Ich danke Ihnen mit einem Foto von Franz und Oma mit einer kleinen Häkel-Lok, die ich aus Wollresten für ihn auf seinen Wunsch hin gehäkelt habe. Im Kleinen die Kraft für die großen Probleme holen...«
(Brief an Frau W. vom 31. 1. 1996)

»Für mich muß die Strategie des Bewältigens eine aktive sein. Ich möchte mich einmischen, ich möchte dabeisein.«
(*SFB*, Mal ehrlich, 16. 6. 1995)

97

»Mir geht es gut, wenn ich auf Achse bin.«
(Brief an Herrn G. vom 11. 5. 1995)

»Meine Vision ist ein natürlicheres, bescheideneres Leben.«
(*TAZ*, 18. 4. 1991)

Krebs

Frage: »Wir sitzen nicht an einem Krankenhausbett, sondern in Ihrem Arbeitszimmer im Ministerium. Wie geht es Ihnen?«

Antwort: »Ich glaube, gemessen an den Umständen, wie man so schön sagt, geht es mir ganz gut. Zum Thema ›Chemotherapie und trotzdem hier arbeiten‹ möchte ich aber eigentlich nichts sagen. Sonst heißt es nachher, die Hildebrandt will wohl die Krankschreibung während der Chemotherapie abschaffen. Jeder Mensch verträgt diese Behandlung anders.

Und ich bin nicht die einzige, die trotzdem arbeitet. Da habe ich mich vorher erkundigt. Etliche Leute machen das, weil ihnen das hilft oder weil sie Angst um ihren Job haben. Man wird sehen, wie ich das verkrafte. Und um Ihnen meine Situation mal ganz deutlich zu machen: In meinem Nachttisch liegt eine Perücke, weil einem normalerweise die Haare ausfallen. Wenn es dann so ist, will ich gerüstet sein. Und so gehe ich auch überhaupt mit dieser Krankheit um.«

Frage: »Ist die Prognose Krebs der Wendepunkt in Ihrem Leben?«

Antwort: »Das weiß ich noch nicht. Die Zeit wird das zeigen. Eine Gabelung, eine Wegkreuzung ist es bestimmt. Aber ein Wendepunkt? Da gab es bisher in meinem Leben nur den einen: den 9. November, die Wende.«

98

Frage: »Mittlerweile sind sieben Jahre vergangen. Wenn Sie Ihre Visionen von damals mit der Realität von heute vergleichen...«

Antwort: »...dann muß ich sagen, ich kriege unsere Visionen von damals kaum noch mit der Realität überein. Sogar die beiden großen Errungenschaften Bewegungsfreiheit und freie Meinungsäußerung haben inzwischen ihre Kehrseiten gezeigt.«

Frage: »Und wieviel von dem Staat, den Regine Hildebrandt 1989 erhofft hat, ist sieben Jahre später überhaupt da?«

Antwort: »Unter Freunden würde ich sagen: So gut wie nichts. Öffentlich müßte ich wohl ausgewogener antworten, sonst wird mir das sofort im Mund umgedreht, als wollte ich die DDR zurückhaben oder so was Furchtbares.«

Frage: »Und zu welchem Zeitpunkt haben Sie gemerkt, daß alles überhaupt nicht so wird, wie Sie gehofft hatten?«

Antwort: »Da gab es in dieser Bergabfahrt keinen bestimmten Haltepunkt. Wirklich nachdenklich bin ich erst geworden, als einerseits die Rahmenbedingungen für das Katastrophenmanagement hier im Land von Bonn vollkommen konterkariert wurden. Und als dann auch noch die CDU Brandenburg mit parteitaktischen Spielen anfing, dachte ich, mich tritt ein mittelschweres Brauereipferd. Als ich in die Politik ging, war eines klar: Egal, wen man vor sich hatte und aus welcher Partei, er wollte etwas verändern und verbessern. So war das in der Volkskammer und auch hier im ersten Landtag. Wenn aber eine Partei die Macht des Parlaments benutzt, um ein Ministerium mit zehn Anfragen zum gleichen Thema Monate zu beschäftigen – mit dem Ergebnis, daß wir zu unserer eigentlichen Arbeit nicht kommen –, und wenn die dann auch noch sagen: Was ist denn eigentlich in dieser Zeit gearbeitet worden?, dann macht mich das krank.«

Frage: »Auch im Wortsinn? Ist es das, was Sie krank macht?«

Antwort: »Zum Krankwerden, gerade bei Krebs, gehören viele Faktoren. Und ich bin der Überzeugung, daß die Krankheit nicht irgendwoher kommt, da spielen die persönliche Situation, die Gegebenheiten, die Physiologie, aber auch die Psychologie eine große Rolle. Viel gearbeitet habe ich immer. Da kann ich auch was ändern, ich will ja noch eine Weile leben. Sie sehen, hier steht jetzt ein Ruhesofa, und auf dem Ministeriumsklo habe ich jetzt ein Rudergerät. Ernährung, Sport und Ruhepausen kann man systematisieren, das kriege ich alles hin, wenn es nötig ist. Das einzige, was ich nicht auf die Reihe kriege, sind die schlimmen Rahmenbedingungen von Politik und das Umgehen zwischen den Parteien, diese sachfremden Machtspielchen der CDU. Da könnte ich mich manchmal hinsetzen und heulen. Das können Sie aber eigentlich nicht schreiben. Erstens heule ich nicht wirklich, und zweitens sagen die sonst: Machen wir also mal schön so weiter, dann sind wir die Hildebrandt bald los.« (Ausschnitte aus einem Interview im *SZ-Magazin,* 25. 10. 1996)

»Ich tue jetzt öfter Dinge, die mir Spaß machen. Da ist meine Familie, für die ich nun mehr Zeit habe. Und der Berliner Domchor, in dem ich singe. Beides ist Balsam für die Seele. Großen Streß versuche ich zu vermeiden, auch mal auszuruhen und – wenn es geht – nur acht Stunden am Tag zu arbeiten.«
(*Berliner Kurier,* 20. 10. 1996)

»Herzlichen Dank für Ihre guten Hinweise zur Ernährung. Es wird beherzigt werden! Ob ich allerdings 89

Sie verbringt alle Zeit, die sie hat, mit ihren Enkelkindern (hier mit Franz) und erfüllt ihnen alle ausgefallenen Wünsche...: Die »Häkel-Lok« hat sie selbst gemacht

Jahre schaffe – wie Sie –, das weiß ich denn doch nicht. Ich versuche es!«
(Brief an Frau K. vom 5. 9. 1996)

»Ich versuche gerade intensiv, die Kerze zu werden, die nicht an zwei Enden brennt!«
(Brief an Frau K. vom 5. 9. 1996)

»Ja, mein sonniges Gemüt bleibt mir erhalten! Ich ›übe‹ immer in meiner Familie.«
(Brief an Frau S. vom 6. 9. 1996)

Popularität

Über den Grund ihrer Popularität muß sie erst grübeln:
»Ich gebe weder besonders geistreiche Sachen von mir,
noch entwerfe ich tolle Theorien«, sagt die 52jährige.
»Aber als ehemalige DDR-Bürgerin weiß ich, wie es gewesen ist, wie sich die Menschen früher gefühlt haben
und wie sie sich jetzt fühlen.«
(*Stuttgarter Nachrichten*, Mai 1993)

Was soll sie auch darauf antworten: Wie sie es finde,
Deutschlands beliebteste Politikerin zu sein? »Jarnich
find' ick dit«, sagt sie. »Wenn se alle verschissen haben,
muß ja eener nach oben.«
(*Abendzeitung*, München, 2. 3. 1993)

»Mein ›Glorienschein‹ ist sowieso nicht akzeptabel. Ich
bin ein Mensch wie andere, mal unbeherrscht in den
Äußerungen, mal falsch zitiert.«
(Brief an Herrn H. vom 30. 1. 1995)

»Warum ich populär bin, das weiß ich auch immer
nicht. Natürlich, die Glaubwürdigkeit, die Tatsache,
daß ich sage, was ich glaube. Mein Anliegen ist immer,
es so zu sagen, daß die Leute es auch verstehen. Gang
und gäbe ist, daß man sich immer so vorsichtig ausdrückt, daß man nichts zum Anfassen hat. Das wollen die Leute nicht mehr. (...) Es ist ja nicht so, daß
ich immer irgendwelche knackigen Sachen heraus-
hauen möchte, aber ich sage es so, wie ich es empfin-
de. Und das trifft im Moment den Nerv. Die Leute
fühlen sich beschissen, angemeiert von den Politikern, und da wollen sie offenbar jemanden wie mich
haben.«
(*Neue Zeit*, Juli 1993)

102

Frage: »Sie sind eine der letzten Politikerinnen der letzten DDR-Zeit, die unangefochten im Amt sind. Wie macht man das?«

Antwort: »Man macht gar nichts. Man macht das, was nötig ist. Ich wollte eigentlich meinen Beruf überhaupt nicht aufgeben.«
(*TAZ*, 10. 5. 1993)

»Ich bin Naturwissenschaftlerin, Biologin, habe fünfundzwanzig Jahre in diesem Beruf gearbeitet. Das wollt' ich unbedingt weitermachen. Als ich in das De-Mazière-Kabinett kam, auf einmal Ministerin war, da bin ich wie verunfallt von meiner Arbeitsstelle geschieden. Ich war also praktisch da monatelang überhaupt nicht mehr zu sehen. Nicht mal, um meinen Krempel da wegzuräumen oder einzupacken. Ich habe die Entscheidung, statt der Naturwissenschaft, statt meines normalen Berufes in die Politik zu gehen, nie getroffen. Das hat sich einfach so ergeben.«
(*Deutschlandsender Kultur,* Musikalische Weltliteratur, 11. 12. 1993)

»Es ist ja nicht so, daß ich das graue Mäuschen war, das zu Hause gewirtschaftet hat, und dann wie Phönix aus der Asche stieg.«
(*Der Morgen,* 27. 5. 1993)

Brief an Regine Hildebrandt: »Bei einem Stammtisch mit Freunden kamen wir vor kurzem auch auf Ihre Person zu sprechen. Einer meiner Bekannten meinte, bei einer Karriere wie der Ihren komme es weniger auf Talent und Können als auf Beziehungen und Ellenbogenmentalität an. Ich kann mir jedoch nicht vorstellen, daß Sie auf diese Art und Weise Ihren Weg gegangen sind. Um die anhaltende Diskussion in meinem Freundeskreis zu beenden, bitte ich höflichst um Auskunft, ob die o. g. Behauptung meines Freundes zutrifft.«

Antwort: »Ihr Freund hat nicht recht! Ich habe weder Beziehungen noch Ellenbogenmentalität, wirklich. Ich bin in der Wende aus Einsicht in die Notwendigkeit in die SPD eingetreten. (...) Ohne jemanden zu kennen – wir waren ja alle neu –, war ich auf einmal ganz vorn auf der Landesliste Berlin.«

(Brief an Herrn D. vom 16. 11. 1994)

Frage: »Halten Sie sich für ein Vorbild?«

Antwort: »Ich möchte immer nicht so anspruchsvoll erscheinen, verstehen Sie, es ist einfach für mich auch nicht der Maßstab. Ich möchte gerne, daß wir, wie wir es als Familie die ganzen Jahre gemacht haben und auch im Freundeskreis, daß wir Menschen sind, die vor sich selbst bestehen können. Wenn das dann ein Vorbild wird, wunderbar! Bloß da soll auch keine didaktische Komponente dabeisein. (...) Wir haben es für uns so gestaltet, wie wir es für richtig hielten. Wir wollten nicht Märtyrer oder Vorbilder werden, sondern wir wollten einfach so leben, daß wir es für uns akzeptieren konnten.«

(*Deutscher Fernsehfunk,* Zur Person, 16. 9. 1991)

»Hauptsache, keiner erwartet von mir, daß ich etwas darstelle, was ich nicht bin.«

(*Radio Bremen,* Frauengeschichten, 1991)

»Alles ging rasend schnell. Plötzlich war ich in der Volkskammer. Und weil unter den Blinden der Einäugige König ist und wir Minister finden mußten, war ick eben über kurz oder lang Minister. So is' es.«

(*Schülerzeitung Mpi,* 1. Gymnasium Berlin-Mitte, September 1993)

104

Alltag

»Wenn ich morgens meinen Dienst antrete, fühle ich mich jedesmal wie ein Boxer, der in den Ring steigt.«
(Interview mit Frau Ursula Männle, 30. 3. 1993)

Moderator: »Wie frühstücken Sie?«

R. H.: »Ach ja, dis is' eine gute Frage.«

Moderator: »In aller Seelenruhe?«

R. H.: »Nein. Also morgens ist mir jede Sekunde heilig, wenn ich's mal so sagen darf. In meiner Schulzeit bin ich immer ohne Frühstück gleich zur Schule gehetzt, auf'n letzten Moment. Mein Vater hat zum Teil versucht, die Uhr umzustellen, also vorzustellen, damit ich zur rechten Zeit aus'm Bett komme. Und mein Mann ist da sehr zartfühlend. Er muß etwa drei-, vier-, fünfmal mich wecken, die Zeit hat er auch so eingeplant. Und dann kriegen wir es meist noch hin, daß ich vielleicht so fünf Minuten frühstücke. Und dann klingelt's, dann ist der Fahrer unten. Der sagt immer: 'nen Augenblick noch. Und dann essen wir zu Ende. Aber Frühstück ist wirklich die Mahlzeit, zu der ich am wenigsten Zeit habe und am wenigsten Ruhe, obwohl ich's ganz schön finde. Wenn aber die Alternative ist: Ausschlafen oder aufstehen und lang frühstücken, dann entscheide ich mich immer fürs Ausschlafen.«

Moderator: »Wenn Ihr Mann Sie dann dreimal morgens weckt, wie wachen Sie dann auf? Lächelnd? Lächeln ihn an? Oder eher verbiestert und muffig?«

R. H.: »Also sagen wir mal so: Wir haben ja schon Silberhochzeit gehabt, mein Mann kennt mich schon länger, wenn ich's mal so sagen darf. Und deswegen weiß er, daß morgens nicht meine stärkste Zeit ist. Deswegen hat er sich drauf eingestellt.«

Moderator: »Und Ihre stärkste Zeit beginnt, wenn Sie ins Ministerium fahren?«

R. H.: »Nö, schon im Auto jeht dit los. Also sagen wir mal, ich brauche so etwa eine Stunde vom Aufstehen bis zum Voll-Dasein. Besonders schön ist es, wenn sie mich anrufen, um frühmorgens zu irgend'nem Thema 'n Interview zu kriegen, ick sage Ihnen, herrlich! So vielleicht sechs Uhr fuffzehn oder so, da schlaf' ich sonst immer im Tiefschlaf. Und denn hoch und denn erzählen – na, ick sag' Ihnen, wunderbar! Hören Sie lieber nicht hin morgens!«
(Talk-Show in der Klinik Bad Trissl, 18. 2. 1994)

»Mein Büro ist eben das Auto. Da wälze ich zwischen zwei Terminen schon alle wichtigen Akten. Ich regiere eben manchmal auf der Landstraße.«
(*Bild der Frau,* 3. 8. 1992)

»Ich habe in Brandenburg keinen Personenschutz, in Berlin sowieso nicht. Mein Antrag, daß mein Fahrer im Parkverbot halten darf, auch mal ein paar Minuten warten darf, bis ich unten bin, ist zweimal abgelehnt worden. Der Polizist kassiert bei meinem Fahrer wie bei allen anderen ab!«
(Brief an Frau J. vom 16. 11. 1994)

Rainer Karchniwy, ihr Fahrer, erzählt: »Sie hat ja nicht mal eine Uhr, so etwas kennt sie überhaupt nicht.« Zeit spiele für die Frau überhaupt keine Rolle. Wenn sie verspräche, sie komme gleich, dann dauere das manchmal noch eine Stunde. Und wenn sie sage: »Tschüs, jetzt geh' ick«, dann brauche sie noch mindestens zwanzig Minuten.
(*Mitteldeutsche Zeitung,* 12. 12. 1992)

Wenn sie von ihrem Fahrer zur Pünktlichkeit gemahnt wird, sagt sie nur: »Dann müssen Sie eben ein bißchen schneller fahren!«
(*Schülerzeitung Mpi,* 1. Gymnasium Berlin-Mitte, September 1993)

Eine Schwäche hat Frau Minister: Sie ißt nicht gern. »Na entzückend«, sagt sie im Tonfall von Lieutenant Kojak, wenn sie bei einem Dienstbesuch auf eine gedeckte Tafel trifft. Und dann noch, wie zur Entschuldigung: »Verdauung kostet nur Kraft und schläfert ein.«
(*Elle,* April 1992)

»Jetzt bin ich so auf der Dauerkost, daß ich mit zwanzig Äpfeln pro Tag etwa das Gewicht halte.«
(*Berliner Rundfunk,* 26. 4. 1991)

Alfred Biolek: »Wovon ernähren Sie sich?«
R. H.: »Von Äpfeln, steht ja immer drin. Aber inzwischen hab' ich vor lauter Schreck auf Äpfel keine Lust mehr.«
(*WDR,* Alfredissimo, 9. 11. 1996)

Frage: »Wohin werden Sie heute zum Abendessen fahren?«
Antwort: »Ich esse zu Hause und nasche, während ich bakke. Der Kuchen muß ja auch abkühlen, und dann habe ich eine Hand frei, um Abendbrot zu essen.«
(*Märkische Oder-Zeitung,* 16. 2. 1995)

»Neulich habe ich ein Regal gebaut. Das ist toll. Dann sehen Sie mal, was Sie gemacht haben. Da steht dann ein Regal, da sieht man was. Manchmal kann man in kleinen Dingen mehr erreichen als in der Politik.«
(*Schwäbische Zeitung,* 5. 2. 1996)

107

»Ich will nicht so eine West-Rieke werden. Ich lebe in derselben Wohnung, spüle mit dem Wasserschlauch von der Kommunalen Wohnungsverwaltung immer noch den Hauseingang, weil's da immer noch stinkt, habe im Lande Brandenburg immer noch das gleiche Wochenendhaus aus DDR-Zeiten und rege mich bei Empfängen immer aufs neue darüber auf, welche Verschwendung dort am kalten Büffet herrscht. Das ist Sünde. Und wenn eine Boulevardzeitung über mich schreibt: ›Der Lack ist ab‹, kann ich nur sagen, ich habe mich nie lackiert, das kann ja wohl jeder sehen.«
(*TV Today*, Februar 1996)

Hobbys

»Hobbys habe ich schrecklich viele – Musizieren, Chorsingen, dreißig Jahre mit meiner ganzen Familie im Oratorienchor, Klavier spielen – vierhändig –, Fotografieren, Handarbeiten, Kunstgewerbe, Basteln, Pflanzen bestimmen, Biologie auch außerhalb der Berufstätigkeit, Pilze sammeln, Pilze bestimmen, Vogelbeobachtungen, Vogelstimmen, Astronomie, ein kleines Fernrohr habe ich, Sport, Schwimmen insbesondere, Rettungsschwimmer gemacht für die Kinder im Ferienlager, aber auch Wandern, Radfahren, Schlittschuhlaufen, Skilaufen auch ein bißchen, aber nur Langlauf. Lesen tu' ich gern, ins Konzert gehe ich gerne. Auch Theater macht mir Spaß. Und noch schrecklich vieles mehr!«
(Interview für *ESV-Intern*, März 1994)

»Ich habe Fotos mein Leben lang gern gehabt, selbst gemacht als Hobbyfotografin und Dunkelkammerbe-

108

sitzerin und freue mich auch jetzt immer über diese Stücke bildlicher Erinnerung.«
(Brief an Ehepaar T. vom 2. 5. 1994)

»Ich war Leichtathletin. Die 100 Meter rannte ich in 13,4 Sekunden, Weitsprung so knapp unter 5 Meter und Kugelstoßen über 9 Meter.«
(*Junge Welt*, 16. 6. 1993)

Frage: »Können Sie auf zwei Fingern pfeifen?«
Antwort: »Leider nicht! Mein Leben lang will ich dis und hab' schon so viel geübt und krieg' dis nich' hin.«
(*WDR*, b.trifft, 1995)

Brief an Regine Hildebrandt: »Ich bitte um die Nennung des Ihnen liebsten Liedes. Um die angesprochene Geschichte zu einem Lied wage ich gar nicht zu bitten. Darf ich auf Erfüllung meiner zugegeben etwas verrückten Bitte hoffen? Ich wäre sehr dankbar.«
Antwort: »Loewe-Ballade ›Archibald Douglas‹ – warum? Als musikalische Familie musizieren wir auch zu Hause – unserem Niveau entsprechend aus dem uns zur Verfügung stehenden Notenmaterial. Loewe-Balladen, z. B. ›Die Uhr‹, waren da und leicht zu begleiten, also beliebt. Meine jüngste Tochter Elske (>20 J) fand nach der Wende auf dem Trödelmarkt im Berliner Zentrum einen kleinen Band Loewe-Balladen, der zu Hause gleich ›probiert‹ wurde. Den größten Teil des Buches nahm der ›Archibald Douglas‹ ein, der aber (auch wegen der vielen Vorzeichen) schwer zu begleiten war, deshalb also beiseite gelegt wurde. Da er aber so eindrücklich dramatisch ist, wurde ich immer wieder angelockt und mein ›begleiterischer‹ Ehrgeiz geweckt: Also spielte ich monatelang fast jeden Abend nach dem ›Dienst‹ (meist nach 22.00/23.00 Uhr) in unserer

Berliner Altbauwohnung mit netten Ober- und Unternachbarn und Pianopedal ›Archibald Douglas‹. Üben wäre zuviel gesagt, aber lernen tut man's ja doch. Und schließlich animierte ich meinen Sohn, gelegentlich eines Wochenendes, dazu zu singen. Na, so einfach war's nicht, weder der Notentext der Gesangspartie noch die Begleitung (in der Familienöffentlichkeit). Aber wir hatten Spaß dran. Zu Weihnachten schenkte ich dann meinem Sohn zwei CDs mit unterschiedlichen Interpretationen professioneller Art – und wir hörten sie uns gleich am Hl. Abend als Sachkundige ausgiebig an. Das gab einen neuen Impuls. Jan kann den Baß/Bariton-Part jetzt perfekt, ich die Begleitung einigermaßen. Also gehört der ›Archibald Douglas‹ aus künstlerischen, familienpolitischen und emotionalen Gründen für mich (und uns) zu einem der wichtigsten ›Lieder‹.

PS: Zur öffentlichen Aufführung des ›Douglas‹ sind wir (selbstkritisch) nicht in der Lage!«
(Brief an Herrn Sch. vom 19. 4. 1996)

Was würde sie tun, wenn sie einen ganzen Tag geschenkt bekäme, nur für sich allein? »Ausschlafen! Meine hunderttausend Fotos sortieren! Buletten braten! Wenn es zur Weihnachtszeit wäre: Pfefferkuchenhäuser backen wie früher!«
(*B. Z.*, 23. 8. 1992)

Hobbyalphabet

(von Regine Hildebrandt erstellt im November 1996)

A Architektur

Radtouren, Dienstreisen, Exkursionen, Familienfahrten oder richtige Urlaubsreisen – der passende Dehio oder ein anderer Kunstführer war immer dabei! Ich wollte mir kein bedeutendes Kunstwerk entgehen lassen! Die »Rustikalen« haben es mir besonders angetan: die Stadtmauer mit alten Stadttoren wie in Bernau, die Feldsteinkirchen der Mark Brandenburg, Burgen oder Wehrtürme wie der Grützpott bei Stolpe an der Oder... Die schlichte Backsteinarchitektur der gotischen Zisterzienserklöster, wie zum Beispiel Kloster Chorin, begeistert mich immer wieder. Aber am schönsten ist für mich doch die Romanik: Klosterkirche von Jericho, Kloster »Unserer Lieben Frauen« in Magdeburg, besonders der Kreuzgang... Hochbarocke Kirchenräume süddeutscher Prägung kann ich kaum verkraften!

B Baden

Ich habe ziemlich früh schwimmen gelernt und fühle mich bis heute im Wasser wie zu Hause. Schwimmen, Springen, Tauchen, alles macht mir Spaß. Besonders eifrig und ehrgeizig habe ich im Stadtbad Mitte in Berlin Streckentauchen geübt – in jungen Jahren über 40 Meter. Das hat mir dann auch ermöglicht, mit 38 Jahren die Rettungsschwimmerprüfung abzulegen, um im Diabetikerferienlager, das ich mit organisierte,

111

Beim traditionellen »Anbaden« im halbzugefrorenen Flakensee (Ostern 1996)

die Kinder beim Baden beaufsichtigen und ihnen die Schwimmstufen abnehmen zu können.
Mit meinen Kindern und Enkeln geht's beim Baden immer wild zu. Da wird gestukt, getobt, gespritzt. Hohe Pyramiden mit bis zu fünf Leuten haben wir schon zustande gebracht. Oft baden wir vom Ruderboot aus. Sieben Leute im Boot, alle springen raus, drinnen liegt das Baby im Kinderwagenoberteil...
Startsprünge mache ich leidenschaftlich gerne, Köpper vom Dreimeterbrett auch noch, Sprünge vom Fünfmeterbrett wenn's sein muß – und vom Zehnmeterturm bin ich sogar wieder runtergestiegen.
Eine Tradition unserer Familie ist es, am Ostersonntag im Flakensee anzubaden. Das wird auch dann durchgehalten, wenn – so war's im letzten Jahr – der See noch halb zugefroren ist.

C Chor

Seit ich zwölf Jahre bin, singe ich im Kirchenchor mit, und immer Alt. Im Chor der Versöhnungskirche in der Bernauer Straße in Berlin habe ich angefangen – da waren Gemeindeabendmusiken, Gottesdienst- und Krankenhaussingen auf dem Programm. Nach dem Mauerbau lag unsere Versöhnungskirche im Todesstreifen, die Gemeinde existierte im Osten nicht mehr – unzugänglich. Zu dieser Zeit gründete mein Schwager, der Kantor der Versöhnungskirche, die Berliner Domkantorei – und ich war dabei. Das Singen in diesem Chor ist mir aus verschiedenen Gründen sehr wichtig. An erster Stelle steht natürlich die Musik. In der langen Zeit haben wir fast alle einschlägigen geistlichen Oratorien aufgeführt: Bachs große Werke, natürlich auch Mendelssohns Paulus und Elias, Brahms' Deutsches Requiem, Händels Messias und verschiedene Mozart-Messen.

Aber auch A-cappella-Musik wurde gepflegt – von den alten Meistern bis zu ganz modernen Auftragswerken der Berliner Domkantorei. Oft gingen wir dann mit unserem Programm auf Chorfahrten. Ein anderer wichtiger Aspekt ist der der Gemeinschaft mit anderen Menschen. Zu Ostzeiten war es von größter Wichtigkeit, daß man Leute hatte, die politisch in etwa so dachten wie man selbst. Das verband kolossal. Es war unsere Form der Nische in der DDR. Man unternahm viel miteinander, feste Freundschaften, oft Ehen, wurden geschlossen. Solche Form der Notgemeinschaft ist jetzt nicht mehr notwendig, aber das Singen in dem Chor und der Umgang mit den lang vertrauten Menschen ist mir noch genauso wichtig. Und außerdem singt meine ganze Familie dort mit, auch die Kinder!

D Dunkelkammer

Zu meiner Einsegnung bekam ich den ersten ernstzunehmenden Fotoapparat geschenkt und nahm daraufhin an einem Fotozirkel in unserer Schule teil, in dem man lernte, selber Fotos zu entwickeln und abzuziehen. Das faszinierte mich und meinen Bruder, und wir sparten auf einen Vergrößerungsapparat.

Als wir ihn hatten, aber keine Dunkelkammer, mußten wir immer warten, bis es dunkel wurde, um unsere Vergrößerungen machen zu können. Die Fenster der Küche wurden verhängt, und bis spät in die Nacht wurde entwickelt. Ich fotografierte alles, was mir wichtig war. Die Städte mit ihren Kunstwerken, z. B. Alt-Berlin, meine Freunde, Tiere, Reproduktionen moderner Gemälde. Die künstlerische Fotografie war nie die Hauptsache, die Bilder sollten Leben haben, dokumentieren. Achtzehn Jahre später hatte ich schließlich in der »Mädchenkammer« unserer Altbauwohnung meine erste richtige Dunkelkammer. Da war ich aber auch schon zur Familien- und Kollegen-Mehrzweckfotografin avanciert. Viele Nächte habe ich dort durchgearbeitet. Mein besonderer Ehrgeiz lag darin, die Bilder so schnell wie möglich fertigzukriegen, möglichst von einem Tag zum anderen. Wenn es zum Beispiel um Fotos der Weihnachtsfeier im Labor oder um die Feste im Diabetikerferienlager ging, dann mußte das schnell gehen, damit die Fotos am nächsten Morgen auch wirklich da waren. Meine Bestleistung auf diesem Gebiet war, daß ich während einer Geburtstagsfeier bei uns zu Hause knipste, Filme entwickelte, Fotos abzog, trocknete, und die Kinder konnten sie am Ende des Festes mitnehmen. Mir hat es immer Spaß gemacht; nur meine Kinder, die mir oft halfen, schliefen dann irgendwann im Dunkeln ein. Jetzt gibt es die Kammer nicht mehr, und die Zeit zum Selberentwickeln habe ich leider auch nicht mehr. Selbstentwickelte Schwarzweißfotos sind den bunten professionellen gewichen.

E Einwecken

Das Einwecken spielte bei uns eine große Rolle. Erstens, weil wir einen Garten hatten, wo allerhand abfiel. Und zweitens, weil es in der DDR kaum Möglichkeiten gab, sich vernünftige Früchte zum Tortenbelegen zu besorgen. Es gab da das Mischobst mit ganzen Pflaumen und harten Birnen, Äpfeln und Reneklosen. Das war kaum zum Essen geeignet, aber auf keinen Fall für Torten. Das Zubehör zum Einwecken war leicht zu bekommen. Das Einkochen wurde durch Dampfeinwecken ersetzt, dadurch ging alles noch viel schneller. Wir weckten also sehr viel ein: Schattenmorellen, Erdbeeren, Pfirsiche, Äpfel, im Stück und als Mus, Pflaumen aus dem Garten, sogar Pilze. Wenn gemeinschaftlich aus Falläpfeln mit der Flotten Lotte Apfelmus gemacht wurde, war besonders viel los in unserer Küche. Manchmal schafften wir zwanzig bis dreißig Gläser an einem Abend. Ergebnis: ein voller Vorratsschrank und fröhliche Gesichter am Mittags- oder Kaffeetisch!

F Filmen

Doppel-Super-Acht war der Schlager unter den Schmalfilmbegeisterten. Mit unseren Filmkameras hatten wir viel Pech, die sowjetische Sorte war selten störungsfrei. Insgesamt sind aber doch etliche Filme jetzt da aus der Zeit, als unsere Kinder noch klein waren. Wir haben auch einen entsprechenden Vorführapparat und eine

115

Leinwand. Bei Festen und Feiern wurden oft Filme – sowohl selbstgedrehte als auch gekaufte DEFA-Märchenfilme – gezeigt. Mit den Märchenfilmen konnte man dann bei Kindergeburtstagen die wilden Horden wenigstens zeitweise ruhigstellen – das klappt übrigens auch jetzt noch bei den Enkelkindern. Es sind Stummfilme, also gibt es jemanden, der dazu erzählt. Das bannt die Kinder. Moderne Technik wie Videokamera usw. überlasse ich derzeit meinen Kindern.

G *Gäste*

Als Familie mit drei Kindern, einem großen Verwandten- und Bekanntenkreis und einer Wohnung in der Mitte Berlins hat man ja fast immer Besuch, damals auch aus dem Westen! Deswegen waren wir immer darauf eingestellt, daß z. B. zum Mittagessen am Sonntag noch zusätzlich Leute kamen und mit verköstigt werden konnten. Lediglich bei Roulade konnte es Schwierigkeiten geben. Mir sind Gäste zu jeder Tages- und Nachtzeit willkommen und keine Last, denn ich mache nicht viel Aufwand mit ihnen, sondern integriere sie ins Geschehen. Sie fügen sich in unser manchmal chaotisch anmutendes Familienleben ein, machen mit und fühlen sich dadurch wohl.

H *Handarbeiten*

Meine Großmutter mütterlicherseits brachte mir schon als Kleinkind die verschiedensten Handarbeiten bei. Das war der Grundstein für vielfältige Arbeiten auf diesem Gebiet. Als junges Mädchen beschenkte ich systematisch die ganze Verwandtschaft mit umhäkelten

»Mir sind Gäste zu jeder Tages- und Nachtzeit willkommen und keine Last...« (1996 mit Freunden und Verwandten, links neben ihr Ehemann Jörg, mit dem sie seit 1966 glücklich verheiratet ist)

Bügeln, behäkelten Taschentüchern und bestickten Deckchen etc. Ich strickte aus Resten Ringelpullover, Socken usw. Mit dreizehn Jahren sogar aus neuer Westwolle eine Strickjacke mit Norwegermuster für mich. Im Laufe der Zeit erweiterte ich meine Palette. Es wurde nicht nur gestrickt und gehäkelt (für die Kinder, für ihre Puppen usw.), sondern ich probierte auch modernere Handarbeitstechniken aus. Mit Kolleginnen entwarfen wir Makramee-Arbeiten; auch beim Basteln hielten wir Ausschau nach Neuem. Wir entdeckten das Ostereierbatiken nach sorbischer Art, mit Bienenwachs, Stecknadelköpfen und Federn. Jedes Jahr zu Ostern wurde dann mit Kolleginnen bei uns im Familienkreis Sorbisches Ostereierbatiken veranstaltet. Seit meine Kinder diese Kunst perfekt übernommen haben, artet das allerdings immer in einen Ostereierboom aus, so daß sie in den letzten Jahren ihre Eier auf dem Kunstmarkt verkauften. Das Problem dabei ist, daß man den Inhalt der Eier verzehren muß. Es gibt dann immerzu Kuchen, Rührei, Schaumcremes, Eierkuchen.

Zu Weihnachten werden Strohsterne, Fröbelsterne, Scherenschnitte gebastelt. Ich brauchte mich überhaupt nicht zu bemühen, diese Traditionen meinen Kindern nahezubringen, das kam von alleine.

I   Instandsetzung

Wer im Osten seine Wohnung oder seine Gartenlaube renovieren, umbauen oder instand halten wollte, der mußte es schon selber tun. Also haben wir in Eigenregie vergipst, geputzt, tollen Stuck freigelegt, gemalert, tapeziert und Parkett abgezogen und versiegelt. Aber auch Herd- und Ofenabrisse sind bemerkenswerte Erlebnisse im Leben eines Heimwerkers. Das Ganze liegt bei uns zu Hause mehr in meiner Hand; ich bin auch diejenige, die die Bohrmaschinen geschenkt bekommt. Aber natürlich macht die ganze Familie bei Großaktionen mit. Allerdings stöhnt mein Mann manchmal doch: »Geht das schon wieder los!« Deswegen haben wir immer versucht, wesentliche Renovierungsarbeiten anzugehen, wenn er auf Dienstreise war.

Ein schönes Beispiel für unsere Umbaukünste ist unsere Wohnung, in der wir jetzt 25 Jahre wohnen – eine Altberliner Wohnung mit Stuck, Parkett und Riesenfenstern, Abstellkammer und großen Räumen: vier Zimmer. Drei davon sind durch große Türen zu einem Ganzen verbunden, so daß man darin schlecht Schlaf- und Kinderzimmer einrichten kann. Also wurden aus dem vierten Zimmer durch Wand und Tür zwei Zimmer gemacht: Kinder- und Schlafzimmer. Als die drei Kinder

Sorbisches Ostereierbatiken im Familienkreis – hier mit Tochter Frauke

größer wurden, wollte unsere älteste Tochter gern ein eigenes Zimmer haben. Also haben wir das Schlafzimmer noch mal geteilt: ein kleines Kinderzimmer (untere Fensterscheiben), ein kleines Schlafzimmer (Licht und Luft durch die oberen Scheiben des Fensters). Für unseren Sohn haben wir später die Abstellkammer, die vorher Dunkelkammer geworden war, zum eigenen Zimmer umgebaut. Sogar ein Hochbett mit Aussicht wurde installiert. Also hatten wir schließlich nicht vier, sondern sieben Zimmer!
Und nun sind die Kinder aus dem Haus, und bis vor kurzem schliefen wir trotzdem immer noch in dem kleinen Schlafraum mit indirektem Licht. Da hat mich am 1. Januar 1996 der Instandsetzungstrieb übermannt. Mit Sohn und Neffen haben wir am Neujahrsabend mit dem Abbau der Trennwand begonnen. Am nächsten Tag geputzt, gegipst und tapeziert; mit meiner achtundachtzigjährigen Mutter bis nachts um halb vier, denn

die Jungs waren am Ende. Nun haben wir wieder ein größeres Schlafzimmer mit Fenstern, na bitte!

Wenn jemand fragt, warum wir dafür keine Handwerker nehmen, dann kann ich nur auf den Zustand unserer Altbauten verweisen: Wir improvisieren immer noch. Wenn ein Fachmann da anfängt, dann wird es eine Grundsanierung.

J Judo

Judo war immer mein Hobbytraum: Ich wollte es lernen, es hat sich nie ergeben. Schade!

K Kunst(ausstellungen)

In Berlin hat man ja viele Möglichkeiten. Zeitweilig bin ich (vor dem Mauerbau natürlich) in jede Ausstellung in Ost- und Westberlin gerannt und habe Kataloge gesammelt. Ich erinnere mich auch noch lebhaft an die Rückführung der Kunstschätze aus der Sowjetunion nach dem Zweiten Weltkrieg und die dazugehörige Ausstellung in der Nationalgalerie, bevor sie in Dresden wieder an ihren angestammten Platz kamen. Malerei war unter den Gattungen der bildenden Kunst für mich immer am interessantesten, und begeistert haben mich besonders die Impressionisten und Expressionisten. In der DDR hatte man natürlich nur sehr begrenzte Möglichkeiten, diese Bilder zu sehen. Ich ließ mir von Bekannten und Verwandten aus dem Westen Kunstpostkarten und Kalenderblätter schicken und legte mir so eine Sammlung an, um mehr kennenzulernen, als hier zu sehen war. Weil man so lange mit Drucken und Postkarten zufrieden sein mußte, ist es für mich immer noch etwas ganz Besonderes, die Originale und die Museen, deren Namen für uns geradezu legendären Klang hatten, jetzt sehen und besuchen zu können. Eine Ausstellung wie »Manet bis van Gogh«, die die epochalen Ankäufe von Hugo von Tschudi für die Berliner Nationalgalerie und die Münchener Pinakothek vereinigt präsentiert, ist für mich ein geradezu überwältigendes Phänomen. Auch die DDR-Kunst wurde natürlich von uns rege verfolgt. Selbstverständlich fuhren wir nach Dresden zu den DDR-Kunstausstellungen und hielten Ausschau nach Entwicklungen innerhalb oder jenseits des sozialistischen Realismus. Uneingeschränkte Freude konnte ich gegenüber den Naiven entwickeln, zum Beispiel für Albert Ebert mit seinen Szenen aus dem Alltag. Auch jetzt hängt in unserem Wohnzimmer ein kleines Gemälde einer naiven Laienmalerin aus Brandenburg: eine Kirche im Oderbruch von Erna Röder.

L Lesen

Fast fünfzehn Jahre hatte ich zur Arbeit einen S-Bahn-Fahrweg von mehr als einer Stunde pro Tag, und den nutzte ich täglich zum Bücherlesen. So las ich regelmäßig die in der DDR erscheinende Literatur, die uns interessierte. Gefragte Bücher waren in der DDR Mangelware. Unser Glück war, daß mein Mann, der in der Evangelischen Verlagsanstalt arbeitete, über das Börsenblatt des DDR-Buchhandels Bücher vorab bestellen konnte und dann auch bekam! Alle anderen Leser mußten sich Beziehungen zu Buchhändlern aufbauen, um die »Mangelware Literatur« zu erhalten. So haben wir praktisch alle uns interessierenden Bücher, die in der DDR erschienen, gesammelt. Das sieht man auch in unserer

Wohnung, wo mehrere Zimmer bis zur Decke mit Büchern vollgestopft sind. Natürlich waren wir auch (und besonders!) an Literatur interessiert, die im Osten nicht erscheinen durfte. Westverwandte und -bekannte haben uns oft solche Werke rübergeschmuggelt. Die gingen dann von Hand zu Hand und wurden an versteckteren Plätzen aufbewahrt. Natürlich habe ich jetzt wesentlich weniger Zeit, bin jahrelang gar nicht mehr zum Lesen von Belletristik gekommen, aber das geht auf Dauer nicht: Ich nehme mir die Zeit jetzt einfach. Ich lese oft bis in die tiefe Nacht. Jetzt waren es gerade die ganzen neuerschienenen Bücher von Monika Maron, Christa Wolf und Günter de Bruyn. Besonders wichtig ist es mir, die neuen Werke der Leute zu lesen, die einem zu DDR-Zeiten schon viel bedeutet haben. Differenzierter Umgang auch mit diesem Kapitel DDR-Geschichte ist nötig. Günter de Bruyns Buch »Vierzig Jahre« ist dazu ein interessanter, origineller, realistischer Beitrag. Und wie mit Christa Wolf umgegangen wurde, ist mir schier unerträglich. Ein Glück, daß sie es geschafft hat, das alles zu bewältigen. Ihre »Medea« zeugt von ihrer ungebrochenen literarischen Kompetenz. Beim »Forum Ostdeutschland« habe ich sie erst kürzlich in Lesung und Diskussion erlebt. Wirklich begeisternd! Da gehe ich hin, wenn ich kann. Das brauche ich.

M Musizieren

Ich musiziere gerne alleine für mich am Klavier oder vierhändig mit meiner Tochter, früher mit meinem Vater oder selbstverständlich als Begleitung meiner Kinder (Geige, Flöte, Gesang), aber nur zu hausmusikalischem Zweck.

Öffentliche Auftritte oder dergleichen sind bei uns überhaupt nicht drin. Mein Vater vermittelte mir hauptsächlich eine gute Technik (Tonleitern, Dreiklänge, Septakkorde über vier Oktaven...). Bei Czernys »Schule der Geläufigkeit« entwickelte ich den Ehrgeiz, enorm schnell zu sein. Die gute Technik habe ich. Aber wir haben wenig Literatur einstudiert, und die ausgefeilte musikalische Gestaltung mit größtmöglicher Perfektion ist nicht meine Sache! Als mich vor kurzem nette Leute baten, mit meiner Familie bei »Familie musiziert« mitzumachen, war uns sofort klar, daß wir uns mit unseren Instrumenten dort nicht hören lassen dürfen. Zum Glück können wir uns dann immer mit dem Chorgesang, wobei in der Familie alle Stimmlagen besetzt sind, ganz gut herausretten. Also, wir musizieren mit den Instrumenten nur für den Hausgebrauch, und das ist dann sowohl amüsant als auch entspannend.

N Null ouvert

In der Familie meiner Mutter war Kartenspielen, insbesondere Skat, schon immer üblich. Nachdem meine Mutter es dann meinem Vater beigebracht hatte, hielt es auch bei uns zu Hause Einzug. Die Erwachsenen trafen sich regelmäßig einmal in der Woche, um Schafskopf zu spielen. Auch Rommé und Canasta wurden zeitweilig fast mit krankhafter Intensität gespielt. In der Schulzeit und während des Studiums spielten mein Bruder und ich begeistert Skat. Da nun mein Mann auch ein leidenschaftlicher Skat- und Doppelkopfspieler ist, hat sich diese Tradition in unserer Familie fortgesetzt. Dazu kam noch Bridge. Unserem Sohn haben wir sogar eine Serie von Bridgeabenden zum Geburtstag geschenkt! Die gängigste Bridgebesetzung besteht aus meiner 88jährigen Mutter, unserem Sohn, meinem Mann und mir. Gefährdet wird der Familienfrieden nur dadurch, daß mein Mann es nicht leiden kann, wenn eine Spielsituation kommentiert wird. Hinweise, Blicke oder andere Reaktionen, die mir besonderen Spaß machen, sind äußerst unerwünscht. Für Stimmung ist immer gesorgt. Beim Skat spielt unsere Oma ohnehin fast immer jeden unter den Tisch.

O *Oper*

Opernmusik wurde in meiner Jugendzeit großgeschrieben. Mit den Eltern ging's in die Städtische Oper, auch in die Komische Oper, die Staatsoper. Wir spielten, sangen, hörten Opernmelodien. Meine Freundinnen wurden gleich mit enthusiasmiert – wir waren in den fünfziger Jahren in fast jeder Inszenierung. Ich erinnere mich noch, daß der Eintritt bei der Komischen Oper 1,05 Mark kostete. Also genausoviel wie eine Kinokarte.

In der 12. Klasse konnte ich hinter die Kulissen blicken. Ich absolvierte den »Polytechnischen Unterricht« in der Maskenbildnerei der Staatsoper. Daher hatte ich Kontakt zu den Künstlern und bekam ein noch engeres Verhältnis zu den Inszenierungen. Und lückenlos konnte diese Leidenschaft fortgeführt werden, als mein Bruder eine Opernsängerin vom Meininger Theater heiratete – Hochdramatischer Alt, zum Beispiel »Carmen«. Da bin ich in den Ferien gerne mit dem Theater in Thüringen unterwegs gewesen, um die Aufführungen vor und hinter der Bühne mitzuerleben, mit Vergnügen auch als aufmerksame, harte Kritikerin all dessen, was musikalisch glückte oder mißlang.

Aber mein Mann liebt Opern überhaupt nicht. Fast

würde ich sagen, er kann sie schwer ertragen. Also gehen wir jetzt fast ausschließlich in Konzerte. Aber nach der Wende habe ich mir doch gewünscht, wenigstens einmal in die Deutsche Oper zu gehen, die ja erst nach dem Mauerbau entstand. Das haben wir dann auch getan: »Zauberflöte«! Nun ist erst mal wieder Pause.

P Pilze

Ich habe eine Unmenge von Pilzbüchern, und neben dem Bestimmen von Pflanzen gehört auch das Bestimmen von Pilzen schon sehr lange zu meinen Leidenschaften. Ich habe nicht nur für Pilzausstellungen, zu meiner Freude oder zum Essen in der Familie (frisch, getrocknet, eingeweckt), sondern auch für Chorfreizeiten der Berliner Domkantorei kofferweise Pilze gesammelt. Wir nehmen nicht nur Maronen, Steinpilze oder Pfifferlinge, wir nehmen auch und gerade Pilze, die die meisten nicht kennen und deshalb stehenlassen. Zum Beispiel den Rotbraunen Milchling, einen häufigen, festen, kleinen Pilz. Den muß man in Stücke schneiden, über Nacht wässern, das Wasser verwerfen, und dann kann man ihn zubereiten. Oder den Violetten Rötelritterling, der schon durch seine Farbe abstößt, aber durchaus schmeckt. Die Giftlorcheln und den Kahlen Krempling haben wir nur bei Mahlzeiten in kleinerem Kreis zubereitet: Abkochen, Wasser abgießen, dann kann man sie kochen. Das machen wir aber jetzt vorsichtshalber nicht mehr. Spaß macht es natürlich, mit der ganzen Familie schön weit rauszufahren, möglichst zu Freunden, die die Wälder und die besten Pilzschonungen kennen, und dann durch die Herbstwälder zu streifen. Wenn ich mit meinem Fahrer auf den Landstraßen in Brandenburg unterwegs bin und ab und zu

mal im Wald verschwinden muß, komme ich meist mit
ein oder zwei Pilzen wieder ins Auto zurück – die kleinen Freuden des Alltags!

Q Quarz

»Feldspat, Quarz und Glimmer – die drei vergess' ich
nimmer« – diese Eselsbrücke für den Granit und viele
andere Informationen habe ich meinem Kosmos-
Naturführer »Welcher Stein ist das?« schon zu Schulzei-
ten entnommen. Aber zur Sammlerin bin ich erst durch
die von uns gegründete Mineralogische Arbeitsgemein-
schaft im VEB Berlin-Chemie, meiner Dienststelle,
geworden. Aus Mitteln für Kulturarbeit konnten wir
Busexkursionen zu DDR-Mineralfundpunkten finan-
zieren und mit Familie und Kindern gemeinsam am
Wochenende »Steine kloppen«. In St. Egidien bei Zwik-
kau haben wir auf dem Acker Porphyrkugeln ausgebud-
delt (bis wir Blasen hatten), in denen Achate waren. Der
Trümmerachat und die Amethyststufen aus Ober-
schlottwitz bei Dresden sind aus dem Anstehenden
gehämmert worden – die jüngeren Kinder sind auch am
Boden aus den »Abfällen« der Profis fündig geworden.
Mit Betriebshandwerkern haben wir uns dann eine
Trennmaschine mit Diamantscheibe und einen Polie-
rer gebaut, um die Steine auch bearbeiten zu können.
Bei den Betriebsfestspielen wurden unsere Exponate
dann ausgestellt. Jetzt schmücken sie den heimischen
Kamin, den Gesteinssammlungsschrank und unsere
Erinnerungen. Brandenburg hat da leider nicht viel zu
bieten, aber immerhin besitze ich aus dem Rüdersdorfer
Kalk Coelestinkristalle und Muschelabdrücke und aus
dem eiszeitlichen Geschiebe bei Ruhlsdorf sogar Bern-
stein.

126

R Reisen

Die Reisemöglichkeiten in der DDR hielten sich im wahrsten Sinne des Wortes in Grenzen. Das führte dazu, daß man sich, wenn man besonders reisefreudig war, etwas einfallen lassen mußte. Und wir waren besonders reisefreudig. Es waren keine dollen Reisen, meist fuhren wir zu Freunden oder Verwandten. Skilaufen in Zwickau und Umgebung, Schlittschuhurlaub in Angermünde, Klettern im Elbsandsteingebirge, Frühlingswanderungen am Parsteiner See, Pilzurlaub in der Schorfheide, Leberblümchenurlaub an der Ostsee, Steine sammeln im Erzgebirge. Der Sommerurlaub der ganzen Familie ging oft an die Ostsee, nach Usedom. Später auch zunehmend in die östlichen Nachbarstaaten: Bulgarien, Rumänien, Ungarn und in die Tschechoslowakei. Wir unternahmen sogar vor der Wende (!) eine ausgesprochen abenteuerliche Tour nach Königsberg – nicht ganz legal. Oftmals waren wir mit befreundeten Familien gemeinsam unterwegs. Immer ziemlich improvisiert, manchmal leicht chaotisch, garantiert nicht erholsam, aber auf jeden Fall sehr interessant und kreativ. Durchorganisierte Reisebüroreisen haben wir zusammen nie gemacht, das ist auch nicht unsere Art, da sind wir uns alle einig.

S Sport

In meiner Schulzeit habe ich mit Freude Leichtathletik trainiert. 100-Meter-Lauf, Weitsprung, Kugelstoßen waren meine Spezialitäten. Bei Schulmeisterschaften bekam ich etliche Urkunden. Höhepunkt war der Berliner Meistertitel im Dreikampf. Auch nach der Schule spielte Sport immer eine große Rolle für mich, aller-

1960 beim Rudern

dings nie mehr ernsthaft wettkampfmäßig, sondern nur zum Spaß: Tischtennis, oft mit Familienturnieren an eigener Platte, Radfahren mit langen Polentouren oder kurzen Familientouren mit Kindern (in drei Tagen zur Ostsee), Schwimmen, Faltbootpaddeln, Rudern, Skilaufen (vorsichtshalber nur Langlauf). Jetzt bin ich auch begeisterte Schlittschuhläuferin, quer über den Müggelsee oder sogar über mehrere Seen, Teiche, Flüsse und überfrorene Wiesen. Silvester 1995 und 1996 haben wir schlittschuhlaufend auf dem Amtssee in Chorin gefeiert.

T Tiere

Junge Tiere fand ich als Kind und Jugendliche viel ansprechender, niedlicher und liebenswerter als kleine Kinder. Den Jungtieren galt mein großes Interesse – ich wollte zeitweilig sogar Tierärztin werden. Als ich acht Jahre alt war, fanden wir vor unserer Tür, im Strickjackenärmel ausgesetzt, ein kleines Pinscherbaby. Mein Bruder und ich waren Feuer und Flamme, den kleinen Hund zu behalten. Mutti hatten wir rum, nur Papa wollte nicht so recht, war aber dann einverstanden, »wenn der Köter nur nicht beim Musizieren stört«. Ihm wurde Geige vorgefiedelt, Horn vorgetutet und gesungen – er jaulte nicht, er bellte nicht, er durfte bleiben und war der Familienliebling für Jahre.

In der Nachkriegszeit hielten wir ein Kaninchen auf dem Hinterhof und fütterten es, um es später zu verspeisen. Nachdem es dann aber in der Ackerhalle geschlachtet worden war und gebraten auf dem Tisch stand, konnten wir Kinder nichts davon essen. Später bekam ich eine Tierhaarallergie, und für uns kamen nur noch haar- und federlose Tiere in Frage. Bei einem Spaziergang begegneten wir einmal einer aufgeregten alten Frau, die unbedingt eine eben auf der Straße gefundene Schildkröte loswerden wollte. Wir nahmen sie mit. Mein Mann nannte sie Madeleine. Sie wanderte mit einer Geschwindigkeit, die für eine Schildkröte eher untypisch ist, in unserem Garten hin und her, so daß sie immer von einem der Kinder gehütet werden mußte. Mehrmals entfleuchte sie, und schließlich konnte sie trotz aufwendiger Zettelsuchaktion nicht wiedergefunden werden. Die Trauer war groß, es gab eine Madeleine II. Sie starb, weil sie während des Winterschlafes im Keller durch den Krach der Kohlenmänner geweckt wurde. Danach gab es nur noch Fische als Haustiere für die Kinder.

U Universum

Der Sternenhimmel war für mich schon immer ganz besonders faszinierend. Mit einem Monokularfernglas mit Stativ habe ich schon in jungen Jahren Mond und Planeten beobachtet. Der Kosmos-Naturführer »Welcher Stern ist das?« verhalf mir zu den nötigen Kenntnissen der Sternbilder. Ein Schulfernrohr, von meiner älteren Tochter und mir gemeinsam erstanden, ermöglichte uns dann ganz tolle Beobachtungen. Jupiter mit seinen vier größten Monden, Saturn mit Ring, Andromeda-Spiralnebel, Doppelsterne und Kugelsternhaufen konnten wir phantastisch erkennen. Und natürlich auch den Mond inklusive Mondfinsternis. Beim Anpeilen des Halleyschen Kometen auf Rügen vor einigen Jahren habe ich mir fast die Füße abgefroren, weil er so schwer zu finden war. Aber wir haben ihn gefunden!

V Vogelstimmen

Schon während meines Biologiestudiums interessierte ich mich sehr für Vogelstimmen. Sonnabends wurden mit Professor Tembrock von der Humboldt-Universität immer Exkursionen in die Umgebung gemacht. Ich sehe ihn noch vorneweg laufen – mit grünen Knickerbockern, Schnürstiefeln, Lodenjacke und Fernglas. So fuhren wir zum Beispiel zur Trappenbalz nach Teltow. Da konnte man feldornithologisch vieles lernen, was sich dann durch Vogelstimmenplatten, -bänder und Vogelstimmenbücher vervollkommnen ließ. Es ist mir so in Fleisch und Blut übergegangen, jede Vogelstimme zu registrieren, daß ich es automatisch bei jeder Tätigkeit tue. Aus dem Auto höre ich Graugänse, Kraniche, Raubvögel. Im Ministerbüro höre ich, wenn die Mauer-

segler in Potsdam ankommen. Und während einer
Dienstbesprechung im Ministerium kann mir schon
mal rausrutschen: »Das war eben der Grünspecht!«
oder: »Haben Sie eben den Gartenbaumläufer gehört?«
Trotz aller Arbeit bin ich mit Freunden einmal im Früh-
jahr bei Sonnenaufgang im Kremmener Luch, um Kraniche, Bekassinen, Brachvögel und viele andere Vögel
zu beobachten und zu hören.
Meine Bemühungen, die Vogelstimmen meiner Familie
näherzubringen, sind nur von zweifelhaftem Erfolg
gekrönt, sie erkennen sie nur, wenn ich sie imitiere.
Auch das Anhören von Vogelkassetten auf längeren
Autofahrten – »Nummer 246. Fitislaubsänger. Dideldi-
del ...« – treibt sie fast in den Wahnsinn.

W Wandern

Es versteht sich wahrscheinlich von selbst, daß jemand,
der das Bestimmen von Pflanzen, Pilzen und Vögeln
liebt, sehr gerne wandert. Da aber Kinder nicht in allen
Lebensphasen gleichermaßen wanderfreudig sind,
empfehlen sich Familienwanderungen. Wenn drei bis
fünf Ehepaare mit acht bis dreizehn Kindern losziehen,
wie bei uns, dann findet jedes Familienmitglied etwas
Interessantes am Wandern. Es wird nebenbei Fußball
gespielt, viel erzählt und gesungen. Jetzt schaffen wir es
mit Sicherheit nur noch zu Weihnachten: nach den
Weihnachtsfeiertagen, wenn alle den Wunsch verspü-
ren, sich nach dem vielen Schlemmen und Naschen
mal wieder zu bewegen. Am »dritten Weihnachtsfeiertag« wird gewandert. Im letzten Jahr sogar im Schnee
und auf dem Eis mit siebzehn Leuten.

Z Zelten

Zelten spielte in meinem Leben eine große Rolle. »10–20-Personen-Zelte« haben uns die Zeltlager der Jungen Gemeinde in den fünfziger Jahren ermöglicht, »4–5-Personen-Zelte« begleiteten uns auf unseren Osteuropatouren, wurden auch im Garten aufgestellt, um Besuchsquartiere zu schaffen oder den Kindern eine »abenteuerliche« Übernachtung zu ermöglichen. Auch mit »2–3-Personen-Bergzelten« waren wir unterwegs – na Hilfe! Da fällt mir gleich unsere Harzwanderung ein. Mit Freunden (insgesamt drei Erwachsenen und fünf Kindern) wollten wir quer durch den Harz wandern – gemeint ist der Ostharz –, sozusagen von einem Quartier zum anderen. Die Übernachtungsbeschaffung war uns in der DDR trotz jahrelanger Bemühungen nicht gelungen! Also: Wandern mit Rucksack und allem Zubehör auf dem Rücken – auch mit unserer jüngeren Tochter, die erst zehn Jahre alt war. Um wenig Zelte tragen zu müssen, hatten wir uns einen wasserdichten Schlafsack zum Übernachten unter freiem Himmel besorgt – natürlich aus dem Westen! Leider regnete es fast ununterbrochen, als wir unsere Harzwanderung in Drei Annen Hohne starteten. Außerdem beglückten uns Simulien, eine Harzspezialität, die ich als Biologin erst bei dieser Gelegenheit kennenlernte: klitzekleine stechende Insekten, die nicht zu sehen und zu hören sind, die einfach bloß immerzu pieken. Also: In zwei überfüllten Bergzelten, in die trotz (oder wegen?) Überfüllung Wasser floß, verbrachten wir eine Nacht. Morgens war eigentlich fast alles naß, was wir hatten – also blieb uns nur die Heimfahrt. So genossen haben wir unsere Wohnung und das heimatliche Frühstück im Anschluß an eine normale Nacht noch nie! Übrigens, das Beste habe ich vergessen: In den imprägnierten

Schlafsack floß das Wasser am Reißverschluß hinein, aber leider wegen der Wasserdichtigkeit nicht wieder hinaus. Ein völlig neues Schlafsackgefühl!

Campingartikelvertreiber haben sich an uns generell keine goldene Nase verdient. Nie waren wir so ausgerüstet, wie es sich für zünftige Camper oder Wanderer gehörte.

»Was sie anderen zumutet,
mutet sie zuallererst sich selber zu.«

Regine Hildebrandt
und die Familie

Familie und Freunde über sie

Ehemann Jörg:

»So wie ich Regine vor nun bald fünfzig Jahren kennengelernt habe, so ist sie mir bis heute erhalten geblieben – beim Spiel, beim Sport und im Gespräch. Immer in vollem Einsatz. Sommer 1950 Fahrradtour aus dem Berliner Zentrum hinaus nach Mariendorf. Unglücklicher Sturz auf dem Tempelhofer Damm – womöglich meine Schuld. Mit wenigen Griffen hat sie alle Verbogenheiten gerichtet, die Kette gespannt. Unbeachtet bleibt das blutende Bein. Besser nicht zuviel Zuspruch – eher beruhigt sie andere. Es soll ja weitergehen, mit allen zusammen. Und bitte gleich!

Natürlich ist sie ein anstrengender Mensch. Das habe ich gewußt und habe es – für mich – auch so gewollt. Ständig gefordert zu sein hält wach und duldet keine Müdigkeit: Etwa Pantoffeln an und Füße hoch und Augen zu? Mit Regine nicht zu früh am Tag.

Um so intensiver und erholsamer dann die gemeinsamen Ruhephasen, die es gelegentlich durchaus gibt, mit Wanderungen, Konzerten, Lesungen – und sogar mit Schweigeminuten.

Denn wisse: Was sie anderen zumutet, mutet sie zuallererst sich selber zu. Oder als Ehemann gesprochen: Was sie sich gönnt, gönnt sie auch mir.«

(14. 11. 1996)

Tochter Frauke, 27:

»Ich bin mit meiner Mutter oft aneinandergeraten. Wahrscheinlich deshalb, weil ich auch schon immer ziemlich genau wußte, was ich wollte: (sicher nicht zufällig) meistens etwas anderes als sie. Jetzt sind wir beide älter und netter und merken, daß wir ohnehin oft dasselbe wollen. Unterdessen ist auch der total-kritische Tochterblick einer normaleren Anschauung gewichen; und eine Person, die noch Visionen hat (woher kommen die bloß?), die sich für ihre Überzeugung engagiert, Theater macht, diskutiert, sich mit allen anlegt – wenn es nötig ist – und inzwischen auch lächerlich gemacht und angepinkelt wird, ist erschienen. Eine Person, die sich auspulvert bis zum letzten für eine solidarische, gerechtere Gesellschaft, die dabei keine Grenzen kennt, leider auch nicht die ihrer eigenen Möglichkeiten, die sich – zu ihrem unendlichen Nachteil – wirklich alles zu Herzen nimmt, die tatsächlich jedes Detail persönlich betrifft, die nicht abstumpft oder wenigstens gelassener wird, sondern gegen die aufsteigende Resignation alles in sich mobilisiert, was sich überhaupt noch mobilisieren läßt. Ich kann nur schwer verkraften, mit anzusehen, wie meine Mutter sich völlig verausgabt.

Sie liebt ihre Enkel Franz (5) und Antonia (9 Monate) über alles und verbringt alle Zeit, die sie hat, mit ihnen.

Sie entfaltet dabei ähnliche Energien wie zur Zeit, als wir klein waren, bastelt für Franzi – wenn er nur den kleinsten Wunsch in dieser Richtung äußert – Flugzeuge, Loks, Schiffe, Schweine, backt Kekse, Kuchen, häkelt oder strickt Handschuhe, Fahrzeuge und Mützen, klebt Papierstädte und Windmühlen, brät mit ihm Buletten oder kocht Apfelmus, fährt mit dem Bus und sogar mit dem ICE, übt mit ihm Schwimmen, buddelt ihm Sandloks und Autos am Strand, läuft mit ihm um die Wette Schlittschuh etc. Alles das, was Omas und Opas, wenn sie sich für ihre Enkel interessieren, üblicherweise unternehmen – oder noch mehr. Franzi dankt's ihr. Sie ist für ihn die liebste Omi überhaupt.«
(14. 11. 1996)

Sohn Jan, 25:

»Unsere Mutter war und ist uns eine tolle Mutter. Als wir klein waren, hatte sie immer Zeit für uns. Ob es um Urlaub, Geburtstage, Kochen mit den Puppen oder Wandertage mit der Schule ging – sie machte alles mit. Heute verwendet sie ihre Energie nicht mehr nur für die Familie (worunter sie ein wenig leidet), sondern für die Politik.
Kritik verträgt sie relativ schlecht, und wenn wir Kinder eine andere Meinung haben als sie, müssen wir kämpfen, um diese durchzusetzen.«
(Gespräch im November 1996)

Tochter Elske, 22:

»Sehr prägend ist ihr stark entwickeltes Gemeinschaftsgefühl, gerade in bezug auf die Familie. Früher bezeich-

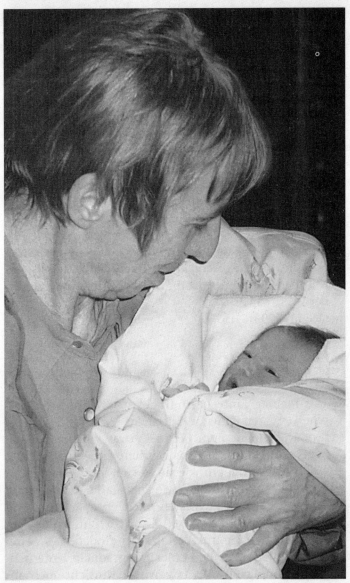

Mit Enkelin Antonia (gerade eine Stunde alt) im Februar 1996

nete ich es manchmal als Tick oder wollte mich distanzieren. Aber jetzt, wo ich älter geworden bin, merke ich, daß eine solche Distanz nicht möglich und auch überhaupt nicht erstrebenswert ist. Ich bin ihr gerade dafür nämlich sehr dankbar, daß sie mir auf ihre Art Werte vermitteln konnte, die mir jetzt sehr helfen und nützen. Was sie schafft und mir geben kann (sie ist immer für uns da), wirkt selbstverständlich. Vieles macht sie parallel, und nichts kommt dabei zu kurz. Daran bin ich von Kindheit an gewöhnt. Und erst jetzt, wo ich merke, daß ich selbst nicht alles mit dieser Unkompliziertheit auf die Reihe kriege, wird mir klar, daß das gar nicht so leicht ist. Sie verdrängt die Dinge zwar nicht, die für sie zum Problem werden könnten, aber sie hat eine Art, Prioritäten zu setzen und ihren Blickwinkel zu verschieben, die ich sehr geschickt und hilfreich finde. Ihre ganze Lebenseinstellung ist für mich bewunderns- und liebenswert.«
(15. 11. 1996)

Neffe Tobias, 17:

»An meiner Tante beeindruckt mich ihre Art, Menschen in ihren Bann zu ziehen. Sei es nur bei Familienfesten, wenn sie zum Beispiel etwas von irgendeiner Begebenheit erzählt. Es geht nicht unbedingt darum, was sie sagt, sondern wie sie es sagt. Sie verleiht ihren Worten in bestimmter Weise eine starke Aussagekraft. Das kann bei Diskussionen auch etwas aufbrausend und einschüchternd wirken. Deshalb muß man versuchen, die richtige Interpretation zu finden. Des weiteren fasziniert mich ihre schier unermüdliche Unternehmungsfreudigkeit, die in gewisser Hinsicht auch ansteckend ist. Bei der allweihnachtlichen Familienwanderung, die meine Tante plant, gibt es eigentlich niemanden, der sich dagegen sträubt. Es ist wohl eher das Gegenteil der Fall.

Ihr Unternehmungsdrang kann allerdings auch sehr anstrengend sein. Ich erinnere mich an die letzte Familienwanderung: Wir sind den ganzen Tag gelaufen, was ich eigentlich sehr befürwortete; doch dann brachte meine Tante die Idee ins Spiel, auf dem Rückweg noch Schlittschuhlaufen zu gehen. Ich hätte auch an sich kein Problem damit gehabt, wenn ich nicht nasse Füße gehabt hätte, was sich im Winter nicht unbedingt als vorteilhaft erweist. Und so mußte ich dann mit eiskalten, blau angelaufenen Füßen noch eine weitere Stunde ausharren, bis ich die erlösende Wärme auch nur einer Autoheizung genießen konnte. Das hat mich in bezug auf die Unternehmungslustigkeit von Regine doch sehr geprägt und mich auch im nachhinein zum Nachdenken angeregt.

Es gibt auch noch einige andere seltsame Eigenschaften von ihr, mit denen ich nicht allzugut zurechtkomme. Ich rechne ihr trotz allem hoch an, daß sie – als ich klein war – vergeblich versucht hat, mir Schlittschuhlaufen beizubringen.«

(15. 11. 1996)

Nichte Ulrike, 14:

»Für mich ist meine Tante immer schon die Person gewesen, die in der Familie eine besondere Rolle einnahm. Früher kam sie zum Beispiel oft zu uns hoch, und ich durfte ihr bei der Entwicklung der unzähligen Familienfotos helfen, und irgendwie hängen doch auch alle Familienwanderungen und andere Sachen mit ihr zusammen. Manchmal habe ich mich gefragt, ob es das

sonst überhaupt geben würde, denn es ist immer wieder schön.«
(12. 11. 1996)

Schwägerin Annette:

»Regine beeindruckte mich schon vor den Zeiten verwandtschaftlicher Beziehungen, das heißt in meiner Kindheit. So war sie zum Beispiel der erste erwachsene Mensch, den ich nackt zu Gesicht bekam, was auf mich als Pfarrerstochter nachhaltig befreiend wirkte. Andererseits bekam ich auch damals schon zu spüren, daß Menschen in ihrem Umfeld keine Sensibelchen sein durften, wenn sie sich einigermaßen wohl fühlen wollten. So groß ihr Aktionsradius ist und ihre Kraftentfaltung, so groß sind auch die verbalen Attacken, durch die sie, nicht selten mit gering dosierter Gesprächskultur, ihre Umgebung beehrt. Die Opfer (zu denen ich auch hin und wieder zähle) müssen nach Beendigung der Auseinandersetzung und entsprechender persönlicher Aufbauarbeiten hartgesotten Bilanz ziehen und sich immer wieder sagen, daß ein Steinschlag vergleichsweise harmlos, Regine aber nun einmal Regine ist. Das ist allemal als Herausforderung und Bereicherung zu verstehen. Ihre Vitalität ist ansteckend, ihre Antriebskraft reicht für mehrere Zugmaschinen, ihre Lebensfreude ist mehr als ein Programm.«
(13. 11. 1996)

Schwager Herbert:

»Wenn ich gefragt werde, was an meiner Schwägerin Regine das Besondere sei, dann fällt mir so manches

140

ein, vor allem aber denke ich an die Intensität ihres Lebens und Handelns – da steht sie an der Spitze derer, die mir im Laufe der Jahre begegnet sind. Und dabei ist es eigentlich gleich, ob es sich um Kleinigkeiten oder schwerwiegende Dinge handelt. Wieviel Kenntnisse und Erkenntnisse verdanke ich ihr aufgrund dieser Eigenschaft!

Auf einer Wanderung mit einer Biologielehrerin unserer Abendschule ergab sich, daß ich so gut wie keinen Vogel kannte und natürlich auch die Stimmen der Singvögel nicht unterscheiden konnte. ›Aber Herr Hildebrandt, wo Sie doch so musikalisch sind...‹ Welche Schande! Ich berichtete Regine davon; sei es nun, daß sie die Angelegenheit zu ihrer eigenen machte, sei es, daß sie als Studentin der Biologie ohnehin gerade mit diesem Thema beschäftigt war – es war klar, daß dieses Defizit ausgeglichen werden mußte. Aber nun nicht nebenbei, sondern wir betrieben das Ganze eben intensiv, hörten diverse Tonbänder, lasen Bücher, machten Exkursionen – und alles brachte ungeheuren Spaß und dazu ein Stück Bildung auf einem schönen und sehr interessanten Gebiet. In gleicher Weise tummelten wir uns damals auf dem Gebiet der Mykologie, der Pilzkunde. Die Wochenendfreizeiten, die die Domkantorei zu Beginn der sechziger Jahre in Wünsdorf durchführte, erhielten durch die wunderschönen Pilzmahlzeiten ihr besonderes Gepräge. Ich glaube nicht, daß wir uns immer im Rahmen der Gesetze bewegten; so manches Chormitglied bekam dort Pilze zu essen, deren Namen es noch nie gehört hatte. Es versteht sich aber, daß wir dort keinerlei Risiko eingingen, wie bei Regine überhaupt bei aller Experimentierfreudigkeit die Verantwortung für andere Menschen einen besonders hohen Stellenwert hat. Aber damit sage ich nichts Neues. Daß ihre Intensität anderen manchmal auch lästig ist, kann

man sich gewiß vorstellen. Wenn es sich um Reisen handelt, bei denen es besondere Schönheiten, alte Bauten, Museen zu besichtigen gilt, ist sie bestens vorbereitet und weiß schon vor solch einer Fahrt wesentlich mehr als die Mitreisenden danach. Ich denke an eine herrliche Radtour, die wir in einer kleinen Gruppe in den fünfziger Jahren nach Polen machten. Der Besuch der Marienburg wurde mir zur Last: Jeden Saal, jeden Turm, jedes Fenster verglichen wir mit dem Buch, das heißt, mich betraf dieses ›Wir‹ bald nicht mehr; ich hatte mich abgeseilt. Bei den Baudenkmälern interessiert mich mehr der Gesamteindruck als das Detail. Auf diesem Gebiet ist Regine unschlagbar und gleichbleibend wissensdurstig. Unser gemeinsamer (insgesamt wunderschöner!) Urlaub unserer Familien in Irland im Sommer dieses Jahres zeigt es wieder: Zwei irische Klosterruinen müßten – so denke ich – eigentlich reichen! Aber nein, es gibt ja viel mehr. Eine auszulassen hieße mit Sicherheit, Wesentliches zu verpassen... Intensität kann mitunter auch anstrengend sein. Ihre rührende regelmäßige Teilnahme an den chorischen Veranstaltungen der Domkantorei beweist wiederum, daß sich ihre Intensität nicht an Äußerlichkeiten festmacht, sondern ihre Verankerung in Tiefen hat, die vielen Menschen unserer Tage verlorengegangen sind.«
(14. 11. 1996)

Freundin Ilschen:

»Schon damals, als ich Regine 1959 kennenlernte, war es ihre Eigenart, alles ganz zu machen – und wenn es das Kartoffelsammeln war. So ist es auch noch heute. Wir hatten viele gemeinsame Interessen, besuchten bis August 1961 gemeinsam viele Ausstellungen in Westberlin, blätterten tagelang in Büchern, gingen in der Amerika-Gedenkbibliothek viel ins Kino, manchmal um 18 Uhr, um 20 Uhr und um 22 Uhr, und diskutierten halbe Nächte über Probleme, die aus heutiger Sicht keine sind. Zum Beispiel: Im zugigen S-Bahn-Ausgang stehend: Ist Puccinis Musik Kitsch oder Kunst? Wir besprachen auch viel Probleme der damaligen Politik, wobei es da nichts zu diskutieren gab, wir waren einer Meinung. Wir unternahmen zusammen auch viele Exkursionen. Einmal um alte Baudenkmäler zu besichtigen, dann aber auch, die dazugehörende Landschaft, insbesondere die Vogel- und Pflanzenwelt, zu erkunden. Ein typischer Ausspruch: ›Mir fehlt immer noch ein Albatros‹, wenn wir etwas besonders Schönes gesehen hatten.

Besonders schön und persönlich sind auch ihre Geschenke. Nie sind es 08/15-Dinge, die man überall kaufen kann. Oft waren es wunderbare Fotoalben, zum Beispiel von alten Berliner Kirchen oder gemeinsamen Fahrten. Selbst heute, da sie wirklich keine Zeit hat, bekomme ich von ihr zu Weihnachten oder zum Geburtstag kleine Alben über ein gemeinsames Osterfest, einen Ausflug oder ähnliches.

In den letzten Jahren gehörte es zur Tradition, daß am zweiten Weihnachtsfeiertag ein Aussiedlerheim besucht wurde, um unter anderem mit den Kindern zu malen und zu basteln. Die zu bemalenden Gipsformen hat sie alle selbst zu Hause neben der Weihnachtspute im Backofen gebrannt.

Eine andere bemerkenswerte Eigenschaft ist auch, daß sie das Gefühl vermittelt, Zeit zu haben für denjenigen, der sie gerade anspricht. Das hat natürlich zur Folge, daß sie fast immer zu spät kommt (aber zum Glück nicht im Leben) und auch immer einen Rat parat hat, dem im allgemeinen auch eine Tat folgt. Dazu kommt ihre enorme Energie. Es ist eine Eigenschaft von Regine, daß sie sieben Sachen zur gleichen Zeit machen kann, alles ineinander verschachtelt. Zum Beispiel waren wir einmal im Konzert, danach sind wir zu ihr nach Hause gefahren und haben uns durch ein in der Küche stehendes Fernrohr die Monde des Jupiters angesehen sowie die Krater des Mondes identifiziert. Dabei hat sie dann noch drei Kuchen angerührt und gebacken, denn am nächsten Tag war ihr Geburtstag.

Eigentlich ist Regine keine Politikerin. Vieles, was Politiker ›auszeichnet‹, hat sie stets abgelehnt: langes Reden und nichts sagen, Kompromisse, die mit einiger Unwahrheit geschlossen werden. Im Landtag redet sie, auch das ist typisch für sie, genauso wie zu Hause am Kaffeetisch. Das kann sie nur, weil sie von dem, was sie sagt, überzeugt ist und nichts zu verbergen hat.

Was Regine sagt, hat sie durchdacht, und sie steht dazu. Und läßt auch Taten folgen.«
(12. 11. 1996)

»Liebste Freundin«:

Frage: »Was schätzen Sie an Ihrer Freundin am meisten?«
»Liebste Freundin«: »Ihre Geradlinigkeit, ihre unbedingte Ehrlichkeit, ihre Zuverlässigkeit und ihre ungeheure Liebesfähigkeit ... Ich sehe das so, daß, je mehr sie weggibt, desto mehr nachwächst. (...) Sie ist ein Mensch, der ausgesprochen gerne Familie und Freunde hat, und es ging da ›rein und raus‹, und man konnte nachts um zwölf oder zwei kommen, und man kriegte ’ne Tasse Kaffee und wurde angehört. Das, was sie jetzt im Großen macht, hat sie im Kleinen getan.«
(*Deutscher Fernsehfunk,* 26. 4. 1991)

Freundin Trulla:

»Zu Sprüchen und Einsprüchen fällt mir nichts ein. Sie hat zwar manches ausgesprochen, aber dadurch noch lange keinen Ausspruch getan. Und Einspruch haben nur ihre Verwandten erhoben: ihre Mutter, ihre Kinder, ihr Ehemann, ihre Schwägerin.

Zuspruch gab es jede Menge und in vielerlei Form.

Zum Beispiel Ermutigungen: Frauke, vier Jahre alt, steht nach dem Baden auf der Waschmaschine und wird von Mutter abgetrocknet. Vater steht mit einem dicken Lyrikband daneben und liest »Von drauß' vom Walde komm' ich her« zeilenweise vor. Mutter ermutigt Frauke, Zeile für Zeile nachzusprechen. Und am Ende der Lesung und der Ermutigung (ca. drei Wochen) kann Frauke das ganze lange Gedicht.

Oder Motivation: Bei den nachmittäglichen Beschäftigungsprogrammen für Kinder oder wer sonst noch gerade anwesend war. Ob beim Malen, Kneten, Töpfern, Schnitzen, Ritzen, Sägen, Backen und Verzieren, jedem wurde deutlich gemacht, welch schöne Weihnachtsgeschenke im Entstehen waren und daß das jeder kann: »Nur Mut, nur Mut.« Und sie hatte immer recht.

Zuspruch gab es, wenn es darum ging, das Leben in vollen Zügen zu genießen. Alles, was ihr Spaß machte, tat sie, und jeder wurde motiviert, es mitzutun. Zum Beispiel: Sonntag vormittags kochen. In der Küche ein Riesenchaos und nebenbei Verkostung selbstgemachter Liköre. Oder abends auf dem Sofa Austausch neuer Handarbeitstechniken und dazu ein Täßchen Rumtopf. Oder Schlittschuhtageswanderung über den Müggelsee und im Rucksack Käse und Rum. Oder tagelanges süchtiges Puzzlen an einem Puzzle mit 5 000 Teilen – dazu Eierlikör aus eigener Produktion. (Das Puzzle ist nicht

»... tagelanges süchtiges Puzzlen an einem Puzzle
mit 5 000 Teilen – dazu Eierlikör aus eigener Produktion.«
Mit Freundin Trulla im Winter 1981

fertig geworden. Der Eierlikör war alle. Wir haben die Fertigstellung auf unser Rentenalter verschoben. Eine lange Vorfreude, die sich nun um weitere fünf Jahre verlängert hat.)
Oder Spaziergänge in Wald und Flur mit Unterweisung in Botanik und Ornithologie. Sie hat mich immer ermutigt, Pflanzen und Vögel kennenzulernen. Optisch hat das geklappt, und mir Vogelstimmen beizubringen, hat sie keine Mühe gescheut. Bis zum heutigen Tag läßt sie nicht nach, mir mit fragenden Augen ein ›dickdickdick‹ oder ›ürr‹, ›zizigürr‹, ›zizi-däh-däh‹, ›tsi‹, ›si-si‹ oder ›tschri pitt-pitt tschät drüü‹ zu tirillieren in der Hoffnung, daß ich es mir nun nach dreißig Jahren endlich gemerkt habe. Während meine Ohren dafür leider unempfänglich sind, sind meine Geschmacksnerven hoch sensibilisiert. Ich hole ein Fläschchen »Aufgesetz-

ten« aus der Tasche, und wir sprechen ihm gemeinsam zu.

Und manchmal gab und gibt es auch Abspruch. Abspruch für Einspruch. Widerstand zu leisten und eine gegenteilige Meinung durchzusetzen ist nicht leicht und erfordert viel Mut und eigene Überzeugung, Willensstärke und Selbstbewußtsein. Den Kindern wurde des öfteren der Widerstand ›wegmotiviert‹, durch Zuspruch wie mit Salzsäure aufgelöst. Doch wer durch ihren Zuspruch Ermutigung erfahren hat, ist ihrem Abspruch durchaus gewachsen.«
(13. 11. 1996)

Freund Michael:

»Regine ist eine Herausforderung – auch für das Selbstbewußtsein. Egal, ob sie gerade kocht, schreibt, experimentiert, Kinder spielend beschäftigt, regiert, singt, diskutiert, bastelt, zahlreiche Gäste bewirtet... oder am besten mehreres gleichzeitig: sie scheint ganz bei der Sache, ohne Hektik und ohne Seufzen. Diese produktive und unerschöpflich wirkende Energie sehe ich freundschaftlich bewundernd, freilich auch ein wenig neidvoll und beschämt.

Lust auf Müßiggang oder Kleinmut gegenüber manchen Anforderungen scheint sie nicht zu kennen. Anteilnehmend zuhören kann sie und sehr ausgelassen lachen, aber auch ihr Gegenüber ungeschminkt kritisieren. Sie redet bekanntlich schnell – allerdings nicht schneller, als sie denkt. Mir fallen bei einer kontroversen Diskussion die besten Argumente oft erst im nachhinein ein. Grübeln und spekulieren sind nicht ihre Sache, auch ›schöngeistig‹ wirkt sie nicht, das liegt ganz gewiß nicht an mangelnder Bildung. So praktisch und

zupackend, wie sie ist, so redet sie auch, verständlich und ohne Schnörkel. Als Freundin ist sie für mich sehr wertvoll, als Chefin wäre sie mir vermutlich zu anspruchsvoll. Wäre Regine die ›Normalfrau‹ schlechthin, wir müßten über Männerquoten nachdenken.«
(13. 11. 1996)

Zur eigenen Familie

(Regine Hildebrandt im November 1996)
»Beim Stichwort Familie denke ich zuallererst und mit großer Nachdrücklichkeit an meine Kindheit, an die Prägung, die ich durch den gelebten Zusammenhalt in unserer Großfamilie erhalten habe. Meine Mutter, aus Hamburg stammend, hatte ihre Familie nicht in Berlin, die Berliner Großfamilie meines Vater aber wurde zu meiner. Einmal in der Woche wurde Schafskopf gespielt, an den Wochenenden saß die Familie sowieso zusammen, zum Fasching machten wir Lumpenball: Der Teppich wurde aufgerollt, die Sessel wurden auf die Tische gestellt, und dann wurde bis in die Puppen getanzt... Regelmäßig. Familientraditionen sind für mich entscheidend, der regelmäßige Kontakt ist enorm wichtig, weil man zusammengehört – und zwar wirklich. Totensonntag gingen wir zusammen auf den Friedhof, zu den Gräbern der gemeinsamen Verwandtschaft. Es ist eben auch so, daß ich nicht in der Dimension Vater – Mutter – Kind denke, sondern daß für mich Familie von jeher Großfamilie bedeutet. Großeltern, Eltern, Kinder, Tanten, Onkel, Cousinen und Cousins... Ich habe das Glück, daß es mir gelungen ist, diesen Gedanken des Familienzusammenhalts auch an meine Kinder weiterzugeben. Wir sind in recht engem Kontakt, wohnen ja alle in Berlin auf einem Haufen. Im

Prinzip verbringen wir jedes Wochenende miteinander. Auch wenn ich viel unterwegs bin, gelingt es uns. Und das will was heißen! Dann fahren wir eben zusammen durch Brandenburg. Und meine Mutter ist selbstverständlich dabei.

Wir haben es zu Ostzeiten durch gezielten Wohnungstausch geschafft, daß etliche Familienangehörige, auch meine Mutter, in einem Mietshaus in der Nähe vom Alex an der S-Bahn wohnen. Im vierten Stock meine Schwägerin mit ihren Kindern, wir im zweiten Stock, meine Mutter und meine Schwiegereltern benachbart im ersten Stock. Man ist sich eben ganz selbstverständlich näher . . . Es ist eben völlig normal, daß man mal bei den andern vorbeischaut. Es wird nicht aus jedem Besuch ein Gewese gemacht, daß man es kaum verkraften kann. Und, was mir in diesem Zusammenhang extrem wichtig erscheint, jeder ist trotzdem unabhängig, jeder hat seinen abgeschlossenen Wohnraum, jeder kann sich zurückziehen, wenn es ihm zu bunt wird! Und trotzdem ist das Zusammensein selbstverständlich. Besonders bei der älteren Generation halte ich räumliches Abgetrenntsein für eine unabdingbare Voraussetzung eines eigenständigen Lebensgefühls auch im hohen Alter. Wir denken jetzt – nachdem bei mir Krebs diagnostiziert wurde – daran, ein Haus auf unserem Familiengrundstück in Woltersdorf bei Berlin zu bauen. Natürlich mit Eltern und Großeltern und Kindern, aber jeder mit einer abgetrennten Wohnung.

Doch zurück zu den Traditionen. Ostern wird im Gottesdienst gesungen, nachmittags fahren wir raus in den Familiengarten, zu dem Grundstück, das wir jetzt bebauen wollen. Es liegt am Flakensee, und Ostern baden wir dann immer an. In diesem Jahr trotz Eis! Einfach weil es Tradition ist. Oder auch Weihnachten. Die Weihnachtsfeiertage sind sowieso von Familienaktionen dominiert... Zum Beispiel singen wir in großer Runde am ersten Weihnachtstag mehrstimmige Weihnachtslieder. Mein Schwager Herbert, Leiter der Berliner Domkantorei, des Chores, in dem wir alle singen, der etliche Sätze davon auch selbst komponiert hat, gibt den Ton an. Da wird gesungen, gegessen und getrunken und viel gelacht.

In den Tagen zwischen Weihnachten und Neujahr wandern wir zusammen. Irgendwo in Brandenburg, so 15 km durch Schnee oder Regen, je nachdem – aus Tradition. Oder der Frankfurter Kranz und die Butterkremtorte, beides mit Margarine, mit Sahna oder Marina, und der Frankfurter Kranz mit Haferflocken statt Mandeln zu jedem Geburtstag, auch noch jetzt, wo's nun wirklich Butter und Mandeln gibt – aus Tradition. Ich denke, daß das Wissen, in einer Tradition zu stehen, im eigenen Leben einer Kontinuität Raum zu geben, den Menschen hilft, sich als Teil eines größeren Gefüges, als Wesen, das auf die Gemeinschaft mit anderen angewiesen und auf sich allein gestellt gar nicht lebensfähig ist, zu verstehen. Damit will ich natürlich nicht die völlige Aufgabe jeder Individualität proklamieren und auch nicht Kritik an Überkommenem verurteilen. Ich denke nur, daß Individualität auf ›Deibel komm raus‹ gar nicht individuell ist, daß sie sich überhaupt erst durch das Leben in der Gemeinschaft, durch den Vergleich, die Ähnlichkeit mit oder das Sichunterscheiden von andern ergeben kann. Das alles hört sich nun so an, als würde ich zuerst einmal Prinzipien setzen, indem ich die Verhältnisse geistig bearbeite und danach dann entscheide, in welcher Weise ich zu leben gewillt bin. Das Gegenteil ist der Fall. Wir leben eben so, vermutlich aus einer Art gesundem Instinkt heraus, und nur durch das Nachdenken, das Distanznehmen zu diesen Lebensselbstverständlichkeiten, zum Beispiel im Zusammen-

hang mit diesem Schreiben, rechtfertigt sich sozusagen im nachhinein unsere Art des Lebens auch rational. Und bekommt dabei eine Bedeutung, die sie eigentlich gar nicht hat. Denn Familie und Tradition sind ein Teil, es gibt noch andere, genauso lebenswichtig für mich wie mein familiäres Umfeld. Mein Beruf, meine Hobbys, die Freunde. Ich sage es ja so oft, und es wirkt vielleicht deshalb auch schon abgedroschen, ist es beileibe aber nicht: Auch für Frauen sollte Berufstätigkeit Teil des Lebens sein. Ich halte diese meine Zweisäulentheorie für enorm wichtig. Ich habe es selber praktiziert. Immer schon. Und es ist auch mit Kindern machbar – ich selbst habe ja drei Kinder. Und es ist sogar gut machbar – wenn die Arbeit wirklich geteilt wird, wenn der Mann seinen Anteil am Haushalten nicht auf ›ab und zu mal ein bißchen helfen und vielleicht manchmal auch mehr‹ beschränkt. Sondern wenn er – und auch die Frau! – begreift, daß Hausarbeit und Kindererziehung wirklich von beiden zusammen zu tragen ist, daß die Verantwortung innerhalb der Familie wirklich gleich verteilt werden muß, damit die Frau genau wie der Mann auch außerhalb, im öffentlichen Leben, eine Rolle spielen kann. Mein Mann und ich waren immer berufstätig. Wahrscheinlich haben wir mit unserer Partnerschaft großes Glück. Und wahrscheinlich habe auch ich als Frau großes Glück mit ihm als Mann.
Arbeitsteilung in der Familie, zu Hause, ist bei uns nicht ewig diskutierte Theorie, sondern alltägliche Selbstverständlichkeit. Er brachte die Kinder zum Kindergarten, weil ich früher anfing zu arbeiten als er – um 7 Uhr, was für mich eigentlich immer eine große Belastung war –, und ich habe sie abgeholt. Die freie Zeit, die wir hatten, nutzten wir intensiv. Ich habe es an mir selbst erlebt. Wenn ich länger zu Hause war, habe ich mich weniger mit den Kindern beschäftigt, als wenn ich am späten

Nachmittag mit den Kindern nach Hause kam. Dann haben wir gebastelt, nicht mit irgendwie schon zurechtgeschnittenen Bastelvorlagen oder so, sondern eigentlich haben wir ständig aus nichts was gemacht. Steine bemalt, aus Kastanien Tiere zusammengebastelt, mit Papier geklebt, eben tausend Sachen. Mir tut es heute noch leid, das schön bunt gemusterte Westgeschenkpapier wegzuwerfen, das ja zuhauf nach Geburtstagen und besonders nach Weihnachten anfällt. Ich denke dann stets, daß man noch irgendwas damit basteln müßte... In der Adventszeit haben wir immer Pfefferkuchenhäuser gebacken, auch wieder mit unserem Spezialrezept: statt Honig Zuckerrübensirup aus Zorbig. Nachdem ich die Hausteile dann mit Puderzucker und viel Mühe zusammengekleistert hatte, verzierten die Kinder die Häuser mit allerlei buntem Zeug, aus Westpaketen übrigens, bis die Dächer nahezu brachen. Jedenfalls war ich mit den Kindern ständig in Aktion, gerade eben auch dann, wenn die Zeit knapper war.

In den Ferien sind wir, solange es ging, mit den Kindern unterwegs gewesen, jede Ferien weggefahren. Nun nicht wer weiß wohin – das ging ja sowieso nicht –, sondern oft zu Verwandten ohne großen Aufwand, auch ohne großen finanziellen Aufwand. Damit das aber möglich wurde – mein Urlaub reichte nicht für freie Zeit in wirklich allen Ferien –, übernahm ich auch Nachtdienste, war ›Chemikerin vom Dienst‹ oder fuhr mit ins Diabetikerferienlager. So waren wir, bis auf wenige Ausnahmen, in der Familie immer zusammen. Zu Hause und unterwegs.

Ich halte es für ganz wichtig, Gemeinschaft – mit all ihren Schwierigkeiten – zu leben, füreinander dazusein, nicht nur in Notsituationen, sondern immer. Und es ist nicht nur wichtig, weil es sich nun mal so gehört und unsere abendländischen Ethikprinzipien das vorschreiben, sondern es ist auch das Schönste im Leben, das, was am meisten erfüllt – und deshalb wichtig für jedes glückliche Menschenleben.

Familie bleibt für mich der Ort, an dem ich diese Gemeinschaft unmittelbar praktiziere und erfahre. Diese Erfahrung ist es, die mich in meiner Entschlossenheit bestärkt, auch in der Gesellschaft für Zusammenhalt, Zuwendung und Solidarität zu kämpfen. Es wäre ja schon viel geschafft, wenn wenigstens die gesellschaftlichen Rahmenbedingungen eine Entwicklung hin zu einer solidarischen Gesellschaft nicht behindern würden...«

Ehe

»Ich bin für eheliche Treue. Das ist zwar völlig unzeitgemäß, aber man kann es ja mal als Kuriosum vortragen.«
(*Lübecker Nachrichten*, 18. 2. 1996)

Frage: »Wie haben Sie eigentlich Ihren Mann kennengelernt?«
R. H.: »Anfang der Fünfziger kam ein neuer Pfarrer aus Rügen an unsere Versöhnungskirche in der Bernauer Straße. Der hatte drei Söhne. Jörg, er war zwölf, gefiel mir am besten. Der sah irgendwie total anders aus als unsere Berliner Jungs. Er mußte immer schrecklich zeitig nach Hause, weil er dort für seine Familie die Erbsensuppe warm machen mußte. Das hat mich immer ziemlich beeindruckt. Mit Jörg und seinen Brüdern habe ich Tischtennis gespielt. Übrigens war das alles ganz platonisch, damals waren eben noch andere Zeiten. Wir waren gute Freunde, und geküßt haben wir uns das erste Mal, als ich über Zwanzig war. Kein Aha-Erlebnis

in der Rosenlaube, sondern die folgerichtige Entwicklung einer langen und intensiven Bekanntschaft.«
(*H.-D. Schütt:* Regine Hildebrandt: Bloß nicht aufgeben, Berlin 1992)

Frage: »Stimmt es, daß Sie Ihrem Mann einen Heiratsantrag gemacht haben?«
Antwort: »Nein.«
(*WDR,* b.trifft, 1995)

Text der Verlobungskarte: »Es scheint uns jetzt doch unumgänglich, einer engeren Verbindung nicht mehr aus dem Weg zu gehen.«

Ehemann Jörg: »Es war natürlich eine Liebesheirat – aber auch ohne Illusionen.«
(*SFB,* Kirchplatz: Für immer Dein, 1995)

Ehemann Jörg: »Wir haben eine Ehe ohne Illusionen begonnen, das heißt aber auch: ohne Enttäuschungen.«
(*Deutscher Fernsehfunk,* 26. 4. 1991)

»Ich kenne sie seit 1950 und weiß, wie sie ist: impulsiv, anstrengend, aktiv. Sie liebt es, viele Dinge gleichzeitig zu machen.«
(*Bild am Sonntag,* 13. 8. 1995)

»Er muß mich morgens mit viel Mühe aus dem Bett holen«, seufzt sie. Wie? »Dreimal sehr zärtlich. Dann einmal mit Nachdruck.«
»Denn mehr als viermal mach' ich's nicht«, sagt Jörg, der nicht verstehen kann, daß jemand nicht aufsteht, wenn der Wecker läutet.
(*Bild am Sonntag,* 13. 8. 1995)

154

Und dann erklärt er, was ihm wirklich auf die Nerven geht. »Ihre Unpünktlichkeit! Wir müssen zur Chorprobe. Und sie sitzt seelenruhig beim Frühstück. (...) Ich wäre gern drei Minuten früher da.«
»Und mir«, meint Regine, »ist es völlig schnurz, wenn ich drei Minuten später komme.«
(*Bild am Sonntag,* 13. 8. 1995)

Warum wir immer zusammenbleiben: »Ja, warum denn nicht?« (sie)
»Wir haben uns gekannt, wir haben uns gemocht, wir haben uns geliebt, wir haben Kinder, wir haben Freunde, wir haben unser Leben.« (er)
(*Bild am Sonntag,* 13. 8. 1995)

»Ich selbst bin jetzt mit meinem Mann siebenundzwanzig Jahre glücklich verheiratet. Das heißt, wir sind durch dick und dünn gemeinsam gegangen, haben nicht ›nur für den anderen gelebt‹, das ist oft ziemlich strapaziös für beide, sondern haben in ausgewogenem Verhältnis Eigenes und Gemeinsames kombiniert. Auch die eigenständige Berufsarbeit von uns beiden und die gemeinsame Erledigung von Familienarbeit und Hausarbeit ist uns gut bekommen!«
(Brief an Frau J. und Herrn S. vom 27. 9. 1993)

»Ich entschied mich für das Zweisäulenprinzip: Beruf und Familie. Da kann sich jeder vom andern auch erholen.«
(*Bild am Sonntag,* 13. 8. 1995)

»Mein Mann war ja früher nicht der King in der Familie und ist jetzt nicht der Butler.«
(*Der Morgen,* 27. 5. 1993)

155

»Ich wünsche Ihnen von Herzen alles Gute für eine gute gemeinsame Ehe mit Kindern und Enkeln – wie sie mir vergönnt war und ist! Nach 30 Ehejahren immer noch fröhlich, grüßt Sie Ihre Regine Hildebrandt!«
(Brief an Frau und Herrn R. vom 24. 6. 1996)

Frage: »Können Sie Ihrem Mann zuhören?«
Antwort: »Na klar! Übrigens: Dit is' 'ne große Gemeinheit, schon die Frage! Also: Wissen Sie, nicht bloß meinem Mann – dem sowieso! Wat meinen Sie, was in der Familie los wäre, wenn bloß immer ich reden würde! Da wollen sie alle mal was sagen oder mal zu Wort kommen. Das gelingt ihnen ohnehin schwer – ich habe nämlich drei Kinder, und die sind ooch alle sehr munter, und dann noch der Enkelsohn und meine Mutter, die redet ooch immer toll mit. Mein Mann, der sagt allerdings kaum was, aber ich muß mich auch sonst schon zurückhalten, damit sie alle mal zu Worte kommen. Ich möchte ja so gerne zuhören, so geht's mir schon mein Leben lang, aber mein Mann erzählt also nun wirklich nichts auf Bestellung. Wenn ich dann also spätabends nach Hause komme und er ist noch wach – was auch nicht immer der Fall ist –, dann sag' ich immer: Na, was war denn heute? Und er meint: Dis weiß ich schon nicht mehr. Na sehn Se, und denn is' dit Jespräch zu Ende, fang' ick wieder an!«
(Talk-Show in der Klinik Bad Trissl, 18. 2. 1994)

»Zwischen meinem Mann und mir geht es nie laut zu, nur mit den Kindern ist es öfter mal turbulent bis hochdramatisch. Aber gemeinsam sind wir mit der Zeit schon ruhiger geworden.«
(*R. Hildebrandt:* Was ich denke, München 1994)

»Sie denken wahrscheinlich immer: Na, dit is' ja vielleicht 'ne Krawallziege, wenn die da zu Hause ihren An-

fall kriegt, das muß ja unerträglich sein! Das ist bei den Kindern so. Bei den Kindern ist dann Theaterdonner bei uns, rrrums, zum Teil früher auch mit Türenknallen und so. Aber mit meinem Mann nicht, kommt überhaupt nicht in Frage. Da achten wir auf die leisen Töne. Wissen Sie, wenn jemand schon guckt oder so verstimmt reagiert, dann wird's gefährlich. Laut wird's bei uns nie.«
(*WDR*, b.trifft, 1995)

»Wir vermeiden Streit, und Krach wollen wir schon gar nicht. Wenn bei uns wirklich was nicht stimmt, wird's nicht laut, sondern leise...«
(*Bild am Sonntag*, 13.8.1995)

Kinder

»Mein Mann sagte früher immer zu mir, ich hätte einen Familientick. Und meine Schwiegereltern meinten: Gut, daß du berufstätig bist. Mehr Mutter würden die Kinder bestimmt nicht aushalten. Jetzt bin ich fast überhaupt nicht mehr zu Hause.«
(*Sibylle*, August 1991)

Frage: »Welche sozialen Werte wollen Sie Ihren Kindern vermitteln?«
Antwort: »Ehrlichkeit ist wichtig. Zwischenmenschliche Beziehungen sind wichtig, sich um den anderen kümmern, zuständig sein, gemeinsam Probleme meistern ebenfalls.«
(*Politik und Wirtschaft*, 10/95)

»Haben Sie herzlichen Dank für Ihre nette Karte mit dem schönen Kompliment des ›tollen Vorbilds‹. Das ist für mich das beste Lob, weil ich nicht nur durch die Erzie-

hung meiner drei Kinder weiß, daß das Reden über richtige Verhaltensweisen meistens nicht effektiv ist. Erleben müssen es die Kinder durch Vorbildfunktion. Wenn mir das oft gelingt, dann hat sich der Aufwand gelohnt.«
(Brief an Frau B. vom 13. 10. 1993)

Frage: »Wie war's denn bei Ihnen, es war ja bestimmt mit Schwierigkeiten verbunden, daß Ihre Kinder Abitur machen konnten?«
Antwort: »Ja, die konnten nicht Abitur machen. Die Große haben wir noch untergebracht. Es gab in der ganzen DDR eine Schule, die konfessionell war und offiziell anerkannt, die Theresienschule, 'ne katholische Schule in Prenzlauer Berg, Schönhauser Allee. Da haben wir uns drum bemüht, und bei der Großen hat's geklappt, weil die ausgezeichnete Ergebnisse hatte. Die konnte dann an der Theresienschule Abitur machen, und die anderen konnten es nicht. Für die Jüngste kam die Wende gerade recht, um noch die 11. und 12. Klasse anhängen und Abitur machen zu können.«
(*WDR*, b.trifft, 1995)

Frage: »Wenn Ihre Tochter CDU wählen würde oder noch weiter rechts, würde das Ihr Verhältnis stark beeinflussen?«
Antwort: »Na, selbstverständlich. Ich würde meine Tochter nicht verstoßen, natürlich nicht. Es ist nur so, daß Übereinstimmung – auch in politischen Dingen – für uns schon immer ein verbindendes Element war. Man muß natürlich unterscheiden, was für eine Partei. Wenn sie zu den Republikanern ginge, dann wäre zu Hause Mord und Totschlag.«
(*Politik und Wirtschaft,* 10/95)

Moderatorin: »Sie sind ja jemand, wo man vermuten würde, daß Sie als Mutter der Kompanie eingreifen?«

R. H.: »Aber ich kann mich auch selber beschäftigen, da brauche ich nicht immer die Kinder dazu.«

Moderatorin: »Also sind Sie keine böse Schwiegermutter?«

R. H.: »Nee, ich bin überhaupt keine böse Schwiegermutter. Wenn schon, dann eher diejenige, die in dieser Beziehung überhaupt keine Rolle spielt. Manchmal sag' ich mir, ich müßte viel mehr dazwischenfunken. Aber ich habe sowieso keine Zeit. Weil, wenn Sie merken, die Tochter will es nicht, dann wissen Sie, in dem Moment, wo Sie was sagen, isses, egal, wat Sie sagen, schon falsch. Und demzufolge wird Ihnen denn nach einiger Zeit auch klar: Sie nützen ja keinem, wenn Sie da immer noch was sagen. Und demzufolge sag' ich mir: Sagste lieber gar nischt. Und dit gelingt mir bloß, weil ich so selten da bin.«

(*WDR*, Boulevard Bio, November 1995)

»Meine zwei Töchter sind angeschrieben worden, vom ORB, glaub' ich, oder so, Kinder von Prominenten, sie möchten ein Portrait von einer meiner Töchter machen. Vierzehn Tage schieben sie schon immer den Schnellhefter hin und her und sagen: Mach' ick nich', mach du mal. Ick ooch nich', mach du doch. Also, na ja, da muß man mit leben.«

(*Schülerzeitschrift Klassenfeind,* Nr. 12, 1993)

Feste und gemeinsame Freizeit

»Mein Mann stammt aus 'ner Familie, wo vier Geschwister sind, also insgesamt fünf Kinder, alle verheiratet, dreizehn Enkelkinder, dann kommen die Großeltern – an die dreißig Personen ist der engste Familienkreis!

Deswegen brauche ich auch Rezepte, die einfach sind. Gekocht haben wir bei den letzten größeren Festen immer Frikassee oder auch so kesselgulaschähnliche Sachen. Da kann dann auch noch einer mehr kommen. Schlimm ist es bei abgezählten Rouladen. Da mach' ich von Natur aus mehr, damit es keine Schwierigkeiten gibt.«
(*WDR*, Alfredissimo, 9. 11. 1996)

»Silvester waren wir um Mitternacht mit meiner Mutter auf dem Eis in Kloster Chorin. Oma allerdings ohne Schlittschuhe!«
(Brief an Frau W. vom 28. 2. 1996)

Alfred Biolek: »Ist es eigentlich schwerer, oder ist es leichter, zu einer Schwiegermutter, die plötzlich die Schwiegermutter wird, ein herzliches Verhältnis zu bekommen, wenn man sie schon länger kennt?«
R. H.: »Na, dit is' ja jut! Als Biologin sag' ich, dis is' der Doppel-Blind-Versuch. Da müßte ich ja mal 'ne andere Schwiegermutter haben, bei der dit nich' so is', verstehn Se. Das kann ich nicht beurteilen. Ich kann nur sagen, es ist sehr viel angenehmer, wenn Sie wissen, in was für eine Familie Sie heiraten. Und wenn Sie Ihre Hochzeit feiern und die kennen sich alle schon. Die waren miteinander befreundet, die sind miteinander groß geworden. Is' wunderschön!«
(*WDR*, Boulevard Bio, November 1995)

Frage: »Wie spielt sich bei Ihnen Weihnachten ab?«
Antwort: »Weihnachten ist bei uns immer etwas ganz Besonderes. Früher fing Weihnachten allerdings schon in der Adventszeit an. Aber Sie sehen ja, jetzt bin ich viel unterwegs, und denn wird's immer nischt. Normalerweise haben wir in der Zeit immer sehr viel gebastelt. Und ich

bin Hobbyfotografin, hatte 'ne eigene Dunkelkammer. Da wurde dann immer am ersten Advent das Familienfoto gemacht, also die drei Kinder mit dem Adventskranz, das habe ich dann abgezogen, und es wurde als Weihnachtskarte verschenkt. Freunde und Bekannte von uns haben nun die ganze Latte von Kinderbildern bis zur Jetzt-Zeit. Nun komme ich nicht mehr dazu. Aber wenn Weihnachten ist, dann ist es so wie früher. Wir singen in der Domkantorei mit, da hat man seine Dienste: Wir singen immer zwei Christvespern.

Von der Vergangenheit her ist es noch immer so – wir sind eben Traditionsleute: Als die Kinder klein waren, haben wir Eltern natürlich auch schon gesungen; und dann haben meine Eltern die Kinder immer behütet in der Zeit, wo wir gesungen haben, und die Bescherung war erst abends. Und dann mußten ja die Kinder abends noch 'n bißchen munter sein. Deswegen sind wir morgens am Heiligabend rausjefahren und mit den Kindern einmal um den Faulensee rumjelaufen – das ist 'n Naturschutzgebiet in Berlin. Das machen wir heute noch, obwohl die Kinder nun nicht mehr mittags schlafen müssen, damit sie abends munter sind. Aber is' Tradition! Also morgens um den See, dann die Christvespern, und dann wird also bei uns zu Hause die Bescherung gemacht. Dann kommt auch meine Tochter mit Schwiegersohn und Enkelsohn und unsere Oma, na alles ist so dabei. Die Türen sind zu, und das Weihnachtszimmer hat keiner gesehen außer Vater und Mutter. Und dann klingelt dit Glöckchen, und dann geht die Schiebetür auf, und wir gehen rein. Wir singen erst noch was, und dann ist Bescherung. Und abends gibt's dann noch 'ne Ente zu essen, dis is' auch so 'ne Tradition.

Und am ersten Weihnachtsfeiertag sind wir denn nach'm Gottesdienst bei meinen Schwiegereltern zum Mittagessen und fahren dann in den Garten raus. Die

ganze Familie. Dit sind dann aber fast dreißig Leute zusammen. Und abends ist bei uns zu Hause dann Familiensingen. Da kommen sie alle zu uns zum Abendbrot und zum Singen. Und am zweiten Weihnachtsfeiertag – sehn Se, jetzt guckt er schon auf die Uhr, erst fragt er mich nach Weihnachten und dann! –, also am zweiten Weihnachtsfeiertag laden wir immer unsere Bekannten und Freunde zum Putenbraten ein. Im letzten Jahr waren wir schon am zweiten Weihnachtsfeiertag, um Zeichen zu setzen, in einem Asylbewerberheim. Wir waren zum Kaffeetrinken mit der Familie da, haben auch ein bißchen gesungen und mit den Kindern gebastelt. Und ich hab' mit den Leuten Fröbelsterne geknifft. Kenn' Se dis? Ich glaub', dis werden wir dies Jahr auch wieder machen. Und am dritten Weihnachtsfeiertag (Lachen im Publikum) machen wir eine Familienwanderung, weil alle so viel Ente und Gans und Pute gegessen haben, das müssen sich alle erst mal wieder ablaufen. Da sind wir dann in der Umgebung von Berlin unterwegs. Letztes Jahr auch, da hat's geregnet. Na, dit war vielleicht lustig, aber wir waren draußen. Und jetzt hör' ich auf, sonst wird's noch komplizierter.«
(Talk-Show in der Klinik Bad Trissl, 11. 12. 1992)

»Wenn der Ärger in der Politik zu groß wird, habe ich immer meine Familie zum Freuen!«
(Brief an Frau und Herrn H. vom 18. 6. 1996)

»Man muß ja nichts Tolles machen, aber das Gemeinsame ist der Punkt. Ein Beispiel: Der Sonntag ist verregnet, ist langweilig, also haben wir uns an die Strippe gehängt, rumtelefoniert, wer macht mit, bei uns ist heute Tischtennisturnier. Da wurden schnell ein paar Kuchen gebacken, und schon war der Tag gerettet. Und

ich finde, so muß es sein, so ist es richtig, so ist es schön.«
(Gespräch mit Dr. I. Volk, Herbst 1993)

Gewohnheiten

»Normalerweise ziehen wir den Eßtisch immer im Zimmer aus. Dann braucht man nicht so eng zu sitzen, und wenn noch einer kommt, ist es nicht so schlimm. Deswegen brauche ich auch immer so ein bißchen Masse in der Küche und auch flotte Rezepte.«
(*WDR*, Alfredissimo, 9. 11. 1996)

Alfred Biolek: »Waschen Sie eigentlich immer gleich während Sie kochen alles ab?«
R. H.: »Nee. Aber wenn ich hiermit die Buttercreme machen will' und ich habe den Teig noch dran, da sagen nachher die Leute: Da siehste mal, det is' da nich' üblich, daß man abwäscht!«
(*WDR*, Alfredissimo, 9. 11. 1996)

»Alles, was man hier an Geräten nicht benutzt, muß man nachher nicht abwaschen. Deswegen mache ich alles mit derselben Gabel.«
(*WDR*, Alfredissimo, 9. 11. 1996)

Alfred Biolek (Alfredissimo) will die Flamme kleiner schalten, als er R. H. bei der Zubereitung eines Kuchens hilft; ihr Einwand: »Nicht kleiner machen! Große Flamme, wir wollen ja heute noch wat schaffen!«
(*WDR*, Alfredissimo, 9. 11. 1996)

163

»Familienfreundliche Buletten:

250 g Schabefleisch
250 g Hackepeter
1 Ei
1–2 Schrippen (in kaltes Wasser gelegt)
2–4 Zwiebeln (in Würfel geschnitten)
Salz, Pfeffer zum Würzen
Öl, Margarine zum Braten

Schabefleisch und Hackepeter mischen, die kräftig ausgedrückten Schrippen dazugeben, übrige Zutaten hinzufügen und alles gut durchkneten (mit sauberen Händen!). Mit feuchten Händen Buletten formen und braten. Das Formen ist für Enkelkinder sehr interessant!«
(Brief an Herrn H. vom 1. 5. 1996)

Zuwenig Zeit

»Die ganze Familie wird verrückt gemacht, nur damit alle da sind, wenn ich mal drei Stunden Zeit habe. Normal ist das nicht.«
(*Thüringer Allgemeine,* 10. 7. 1993)

»Meine Mutter ist schon vierundachtzig, mein Schwiegervater vierundachtzig, meine Schwiegermutter kurz unter achtzig. Da kann ick ja nun schlecht sagen, ja nun habt mal etwas Geduld, jetzt bin ich zwar nicht da, aber in zehn Jahren! Na, denn sind sie nicht mehr da.«
(*Schülerzeitschrift Klassenfeind,* Nr. 12, 1994)

Frage: »Fragen Sie sich eigentlich manchmal, wozu der ganze Streß?«
Antwort: »Manchmal könnte ich mir schon sagen: Ja bist

du denn bekloppt, rennst den ganzen Tag und machst.
Dabei ist meine 84jährige Mutter, die im Mietshaus unter mir wohnt, enttäuscht, weil sie mich nicht mehr erlebt.«
(*Thüringer Allgemeine,* 10. 7. 1993)

Ehemann Jörg: »Wir haben es geschafft, die verbleibende Zeit intensiver zu nutzen... Sie braucht die Kraft der Familie.«
(*Deutscher Fernsehfunk,* 26. 4. 1991)

»Ja, bei mir war's wunderschön zu Weihnachten: Ich hatte Zeit!«
(Brief an Frau W. vom 28. 2. 1996)

> *»Man muß auf verschiedenen*
> *Strecken unterwegs sein.*
> *Jede Persönlichkeit*
> *ruht auf mehreren Säulen.«*

Regine Hildebrandt
über alles

Fragebögen

Ihr größter Wunsch?
Allumfassende soziale Gerechtigkeit. Harmonie in der
Familie und im Freundeskreis.

Was wäre für Sie das größte Unglück?
Lügen zu müssen.

Ihr größter Fehler?
Ungeduld.

Was wollten Sie einmal werden?
Tierärztin.

Ihr Vorbild?
Albert Schweitzer.

Wen oder was verachten Sie am meisten?
Opportunisten, Karrieristen.

Können Sie Kritik vertragen?
Teils, teils.

Mit wem würden Sie gerne einen Abend verbringen?
Mit Loriot.

Wen mögen Sie gar nicht?
Wer auf Kosten anderer lebt.

Wen würden Sie auf eine einsame Insel mitnehmen?
Meine Familie. Und meine beiden Staatssekretäre.

Wie möchten Sie wohnen?
In einer Försterei, mitten im Wald.

Was tragen Sie am liebsten?
Sachen, die mich nicht behindern.

Ihre Lieblingsblume?
Frühblüher – Anemone, Leberblümchen.

Ihre Lieblingsfarbe?
Gelb, Rot.

Ihr Lieblingsgericht?
Äpfel.

Ihre liebsten Romanhelden?
Die von Tschingis Aitmatow.

Ihre Lieblingsmusik?
Bach.

Ihre Helden in der Geschichte?
Friedrich der Große, Frau von Friedland.

Ihr Hobby?
Singen, Hausmusik, Fotografieren, Wandern.

Wo machen Sie am liebsten Urlaub?
Egal. Wo man sich's schön macht, dort ist es schön.

Wie möchten Sie aussehen?
Freundlich.

Wie alt möchten Sie werden?
Wichtig ist mir nicht das Alter, sondern die Zurechnungsfähigkeit.

Was schätzen Sie an einem Mann am meisten?
Zuverlässigkeit.

Was schätzen Sie an einer Frau am meisten?
Zuverlässigkeit.

Was mögen Sie gar nicht?
Zeit vertrödeln.

Glauben Sie an Wunder?
Ja.

Glauben Sie an ein Leben nach dem Tod?
Das Thema ist mir zu kompliziert, um es so flüchtig abzutun.

Wie möchten Sie sterben?
Ohne Schmerzen.
(*FF*, 8. 8. 1992)

Frage: Wann haben Sie zuletzt geweint?
Antwort: Lange nicht mehr. Aber ich muß es mir gelegentlich verkneifen, wenn ich sehe, wie Menschen – zum Beispiel Behinderte – im Stich gelassen werden.

Frage: Was würden Sie Kanzler Kohl sagen, wenn Sie mit ihm 24 Stunden auf einer einsamen Insel wären?

Antwort: Wie die DDR war. Was ich erlebte, wie ich heute denke. Und ich würde bereden, was man nach der Einheit hätte besser machen können und was jetzt noch zu retten ist.

Frage: Was war Ihr schönstes Erlebnis nach 1989?

Antwort: Meine Griechenlandreise letztes Jahr. Mit der Familie im VW-Bus über Bulgarien an die griechische Grenze. Hier war früher Endstation. Und jetzt weiter nach Athen. Ein herrliches Gefühl.

Frage: Wieviel Geld haben Sie im Portemonnaie?

Antwort: Mein Mann legt mir immer Geld rein. So um die 100 Mark.

Frage: Wie wichtig ist für Sie Mode?

Antwort: Absolut unwichtig. Der einzige – aber fragwürdige – Vorteil ist, daß dadurch Arbeitsplätze gesichert werden ... Ich bin eine typische Vertreterin der Nachkriegsgeneration. Trug erst die Klamotten, die uns Verwandte aus den USA schickten. Und dann lebte ich von Westpaketen. Heute komme ich auch nicht zum Einkaufen. Eine Freundin aus dem Chor kennt meinen Geschmack, meine Größe und kauft für mich ein.

Frage: Wie finden Sie Männer mit Bart?

Antwort: Mein Mann hat keinen. Ob mit oder ohne Bart ist mir egal. Hauptsache, es ist appetitlich und beim Essen bleibt nichts hängen. Denn das finde ich nicht so schön.

Frage: Schauen Sie Gottschalks Late-Night-Show?

Antwort: Wir haben aus Prinzip kein Fernsehgerät. Weil die

169

Kommunikation unter den Tisch fällt, wenn das TV läuft.

Frage: Was denken Sie bei dem Satz: »Ich bin stolz, ein Deutscher zu sein.«?

Antwort: O weia, da krieg' ich immer ganz große Angst. Mir ist alles suspekt, was nationalistisch ist und an die Nazizeit erinnert. Da läuten bei mir sofort sämtliche Alarmglocken.

Frage: Worauf sind Sie stolz?

Antwort: Stolz ist ein blödes Wort. Stolz heißt: Schaut her, ich bin der Größte, der Schönste. Ich sage lieber, worüber ich mich freue: zum Beispiel, daß wir in der Familie gut auskommen.

Frage: Wann hatten Sie zuletzt einen Schwips?

Antwort: Mir wird von Alkohol immer schlecht. Also trinke ich höchstens mal ein Glas Sekt.

Frage: Was assoziieren Sie mit dem Begriff Sozialismus?

Antwort: Im Moment leider noch viel Negatives. Grundsätzlich halte ich das sozialistische Ideengut für weitgehend richtig. Man könnte es auch christlich nennen ... Ich würde wünschen, daß von diesen Ideen möglichst viel in unserer Demokratie umgesetzt werden könnte. Das wäre ein guter Ansatz. Aber im Moment sehe ich ihn nicht.

(*Super Illu,* 30. 3. 1994)

Was ist für Sie das größte Unglück?
Gewalt zwischen Menschen und Völkern.
Was ist für Sie das vollkommene irdische Glück?
Zusammensein mit meiner Familie.

Welche Fehler entschuldigen Sie am ehesten?
Unpünktlichkeit.

Ihre Lieblingsmaler?
Emil Nolde, Paula Modersohn-Becker, Otto Nagel.

Ihr Lieblingskomponist?
Johann Sebastian Bach.

Welche Eigenschaften schätzen Sie bei einem Mann am meisten?
Zuverlässigkeit, Intelligenz, Entschiedenheit.

Welche Eigenschaften schätzen Sie bei einer Frau am meisten?
Zuverlässigkeit, Intelligenz, Entschiedenheit.

Ihre Lieblingstugend?
Standhaftigkeit.

Ihre Lieblingsbeschäftigung?
Musizieren.

Wer oder was hätten Sie sein mögen?
Neil Armstrong, der erste Mensch auf dem Mond.

Ihr Hauptcharakterzug?
Beharrlichkeit.

Was schätzen Sie bei Ihren Freunden am meisten?
Aufrichtigkeit, Verläßlichkeit.

Ihr größter Fehler?
Ungeduld.

Ihr Traum vom Glück?
Eine sozial gerechte und harmonische Gesellschaft.

Was wäre für Sie das größte Unglück?
Verlust der Familie.

Was möchten Sie sein?
Nichts anderes zur Zeit, als was ich bin.

Ihre Lieblingsfarbe?
Rot.

Ihre Lieblingsblume?
Anemone.

Ihr Lieblingsvogel?
Zaunkönig.

Ihr Lieblingsschriftsteller?
Tschingis Aitmatow.

Ihr Lieblingslyriker?
Eva Strittmatter.

Ihre Helden in der Wirklichkeit?
Benachteiligte, die nicht aufgeben.

Ihre Heldinnen in der Geschichte?
Frau von Friedland, Rosa Luxemburg.

Ihre Lieblingsnamen?
Friederike, Sebastian.

Musizieren im Familienkreis (mit den beiden Töchtern Frauke [Klavier] und Elske [Geige])

Was verabscheuen Sie am meisten?
Gewalt, Habsucht, Rücksichtslosigkeit.

Welche geschichtlichen Gestalten verabscheuen Sie am meisten?
Hitler, Stalin, Ulbricht.

Welche militärischen Leistungen bewundern Sie am meisten?
Warschauer-Ghetto-Aufstand 1944, israelischer Unabhängigkeitskrieg 1948.

Welche Reform bewundern Sie am meisten?
Gorbatschows Glasnost/Perestrojka.

Welche natürliche Gabe möchten Sie besitzen?
Beherrschung vieler Fremdsprachen.

Wie möchten Sie sterben?
Ohne Schmerzen, geistig klar.

Ihr Motto?
Der hat das Leben am besten verbracht, der die meisten
Menschen froh gemacht.
(*FAZ*-Magazin, 8. 4. 1994)

Frage: Was macht dir die Politik am häufigsten madig?
Antwort: Arbeit, die nicht der Lösung von Sachfragen
dient.

Frage: Was hält dich bei der Stange?
Antwort: Die vielen Menschen, die diese Politik brauchen.

Frage: Was ist für dich weiblicher Politikstil?
Antwort: Praxis-, basisorientiert, unkonventionell und direkt.

Frage: Welche Erfahrungen hast du mit der Quote gemacht?
Antwort: Keine persönlichen. Ich mag sie nicht, setze sie
aber aus Einsicht in die Notwendigkeit in Brandenburg
durch.

Frage: Wenn du dir ideale Rahmenbedingungen für die
Politik wünschen könntest, wie sähen sie aus?
Antwort: Eindeutige Mehrheiten, fähige, engagierte Leute
in der Partei auf allen Ebenen mit guten Kontakten
untereinander und mündige Bürger.

Frage: Was waren die größten persönlichen Erfolge in der politischen Arbeit?
Antwort: Die Mindestsicherung der DDR-Bürger zur Wirtschafts-, Währungs- und Sozialunion.

Frage: Was waren die größten persönlichen Niederlagen in der politischen Arbeit?
Antwort: Die »Abwicklung« = Auflösung von Einrichtungen meines Bereiches in Brandenburg nach der Wende.

Frage: Wie gehst du damit um, an politischen Zielen Abstriche zu machen?
Antwort: Die Richtung muß klar sein, dann können auch die Schritte kleiner sein.

Frage: Was sind die größten Freuden in der Politik?
Antwort: Menschen helfen zu können, auch in Einzelfällen, Gesetze und Regelungen hinzukriegen, die diesen Zweck erfüllen.
(Fragebogen vom SPD-Kreis Eimsbüttel, 19. 7. 1994)

Frage: Was ist Ihr Lebensmotto?
Antwort: Das Beste machen aus dem, was man hat.

Frage: Mit wem möchten Sie nicht in einer einsamen Berghütte überwintern?
Antwort: Mit Heinrich Lummer! Das kann ich sofort beantworten.

Frage: Mit wem möchten Sie gern mal zu Abend essen?
Antwort: Mit Loriot.

Frage: Was war Ihre größte Peinlichkeit?
Antwort: Das erzähle ich nicht!

Frage: Was war Ihre beste Entscheidung?
Antwort: Für meinen Mann und meine Kinder. Ich habe
nämlich drei. Und das dritte war nämlich bei uns nicht
obligatorisch, sondern fakultativ. Und wir haben's!

Frage: Reden Sie eigentlich im Schlaf?
Antwort: Nein. Mein Mann knirscht mit den Zähnen, und
ich neige zum Schnarchen. Aber reden tut keiner.
(*SFB*, Mal ehrlich, 16. 6. 1995)

Moderatorin: »Glauben Sie an die Kraft von Steinen?«
R. H.: »Na, also nie! Ich bin ein völlig normaler Mensch.«
Moderatorin: »Haben Sie so etwas wie ein Glückspfand oder
einen Talisman?«
R. H.: »Nein, hab' ich auch nicht. Sehen Sie mal, ich sag' ja,
ich bin ein völlig normaler Mensch.«
Moderatorin: »Was ist normal?«
R. H.: »Ja, was ist normal? Das ist ein gutes Thema, da
könnten wir 'ne Sendung drüber machen. Für mich ist
was Normales eigentlich was rundum Richtiges. Normal heißt für mich gut und voll entwickelt. Und im
Westen, habe ich festgestellt, ist normal immer gleich
Otto Normalverbraucher, also 'n bißchen dümmlich
und nicht orientiert auf irgend etwas, nicht originell,
nicht spezialisiert; da muß man immer was Besonderes
sein. Normalsein: nicht in DER Richtung komisch sein,
nicht in DER.«
(*WDR*, b.trifft, 1995)

Moderator: »Warum wollten Sie auf den Mond?«
R. H.: »Ja, warum will man auf'n Mond? Wollen Sie nicht
auf'n Mond? Nein? Also: Einmal die Erde von weitem
sehen, den blauen Planeten!«

Moderator: »Aber Sie wissen, die Leute, die auf dem Mond waren, sind alle ein bißchen gaga geworden. Die haben das nicht verkraftet.«

R. H.: »Ich bin gut in Übung. Und nach dem Wahlkampf sowieso.«

Moderator: »Sie haben ja da nu' ordentlich Punkte eingefahren, oder?«

R. H.: »Na, nich' genug, das ist auf jeden Fall klar, verstehn Se? Und das ist auch nicht so lustig. Den Wahlkampf lassen wir mal lieber!«

Moderator: »Die Entfernung Erde – Mond ist ja für Frau Hildebrandt überhaupt nichts. Das sind ja nur schlappe 382 000 Kilometer. Soviel hat sie auch in vier Jahren in ihrem Dienstwagen gefahren, stimmt's?«

R. H.: »Das stimmt allerdings. Wir sind 'n Flächenland in Brandenburg. Und wenn man da viel unterwegs ist ... Heute bin ich mit'm Flugzeug gekommen, das zählt nicht!«

(*Hessischer Rundfunk*, Holgers Waschsalon, 21. 10. 1994)

Moderator: »Assoziieren Sie bitte zu folgenden Begriffen: Zärtlichkeit.«

R. H.: »Meinen Sie sicher nicht, aber kommt vor!«

Moderator: »Spitzbart.«

R. H.: »Da denk' ich nur an Ulbricht, an keinen anderen. Insofern immer negativ besetzt.«

Moderator: »Damenkapelle.«

R. H.: »Mein Großvater spielte in 'ner Damenkapelle, er war der Leiter.«

Moderator: »Humor.«

R. H.: »Den find' ick schön – und besonders bei Ihnen!«

(Talk-Show in der Klinik Bad Trissl, 18. 2. 1995)

Frage: »Stellen Sie sich vor, Sie sind zwanzig Jahre jünger und Single. Gibt es einen berühmten Mann, in den Sie sich verlieben könnten?«

Antwort: »Schönlinge sind mir suspekt. Wenn, dann einer, der ein bißchen geistreicher aussieht. Zum Beispiel der Wickert. Ich kannte den gar nicht. Einen Fernseher habe ich ja nicht. Dann haben wir hier im vergangenen Jahr in Templin gefilmt, ein Portrait über ihn. Er konnte sich einen Interviewpartner aussuchen und wählte Frau Hildebrandt. Wir waren zweieinhalb Tage zusammen, und das war wirklich nett. Ein richtiger Mann: intelligent, geistreich, aufgeschlossen.«
(*Politik und Wirtschaft*, 10/95)

Zu bekannten Personen

Gorbatschow:
Ist für mich der Vater der Wende.

de Maizière:
Er hat uns aus der letzten DDR-Regierung rausgehauen, und das habe ich ihm nie verziehen.

Mutter Teresa:
Ein Vorbild für alle. So kann die Gesellschaft aussehen, die ich mir vorstelle.

Honecker:
Der tut mir im wesentlichen nur leid.

Scharping:
Ich hoffe, er wird wirklich unsere zuverlässige große Nummer der SPD.

Stolpe:
Das ist der beste Partner, den ich mir in Brandenburg vorstellen kann.

Blüm:
Na ja, manchmal scherze ich ein wenig mit ihm, um vielleicht über die menschliche Schiene irgendwas zu erreichen.
(*Neue Berliner Illustrierte,* Dezember 1990)

Angela Merkel:
Große Enttäuschung beim Paragraphen 218, sonst sehr bemüht und durchaus Ostfrau geblieben.

Treuhand-Chefin Birgit Breuel:
Erstaunlich engagiert im Laufe der Zeit für die ostdeutschen Interessen, obwohl die Treuhand hier der Buhmann geworden ist. Sie ist inzwischen eine Botschafterin des Ostens geworden.

Kohl:
Ach, nee, also ich denke, seine Zeit ist vorbei, so groß und lang und breit, wie der ist, so stur ist er auch.
(*Volksstimme am Sonntag,* 13. 2. 1994)

Der Mann ist ein Phänomen. Er ist nach Umfragen einer der unpopulärsten Politiker, sitzt das alles jahrelang mit einer riesigen Ruhe aus, läßt sich überhaupt nicht irritieren durch das, was im Lande an Problemen ansteht.
(*Deutsche Jugendpresse* e.V., 5. 6. 1994)

Peter-Michael Diestel, letzter DDR-Innenminister:
Origineller Typ. Aber nicht besonders konzeptionell.

179

Eppelmann:
Eine große Enttäuschung.

Biedenkopf:
Leider noch zu sehr im West-Denken verhaftet.

Bisky:
Gut, geistreich. Den würde ich mir in der SPD wünschen.

Gerhard Schröder:
Sympathisch, obwohl er Machtmensch ist.
(*Super Illu*, 30. 3. 1994)

Lady Di:
Wat soll ick'n da sagen? Zwei Seelen wohnen in meiner Brust: Einerseits denke ich, daß sie wirklich unter der Lieblosigkeit im Königshaus gelitten haben muß, und andererseits finde ich es unmöglich, mit Privatsachen über Ehemann und Familie an die Öffentlichkeit zu gehen. In dieser Position hätte sie in erster Linie Partnerin des Thronfolgers und Mitglied der königlichen Familie sein müssen. Wenn sie das nicht will, kann sie ihn nicht heiraten.

Alice Schwarzer:
Eine tolle Frau. Ich habe vom Osten aus die feministische Bewegung im Westen seinerzeit sehr skeptisch betrachtet, komme aber jetzt nach der Wende – als Frauenpolitikerin in der Bundesrepublik Deutschland – zu dem Ergebnis, daß ihre Strategie nötig und richtig ist.

Alfred Biolek:
Er ist der ideale Gesprächspartner für einen Talk. Bei ihm kann sich ein echtes Gespräch entwickeln. Er stört

den Gesprächspartner nicht durch Zwischenfragen, die seinem eigenen Konzept entsprechen, sondern geht auf die Gedanken des Gastes ein. Bei ihm kann man das Gefühl haben, daß ihn die Dinge wirklich interessieren. Und – er ist immer sehr gut vorbereitet.

Harald Juhnke:
Ein begnadeter Schauspieler und ein netter Mensch. Leider zeigt sich bei ihm auch, wie chronischer Alkoholismus Menschen kaputtmacht – es ist ein Jammer!

Clinton:
Jung (aus meiner Sicht sind alle bis fünfzig jung), dynamisch, medienwirksam, aber ich weiß natürlich, daß diese vermittelte »unkomplizierte Aufrichtigkeit« trügt.
Als Gesundheitspolitikerin begleite ich seine – bisher leider erfolglosen – Bemühungen um eine solidarische Krankenversicherung in den USA mit viel Sympathie.
Bemerkenswert ist dabei auch seine intelligente, engagierte Frau. Und – er hat tolle Leute als Mitstreiter (z. B. Al Gore). Das bürgt für Qualität.

Udo Lindenberg:
Typen wie Udo Lindenberg liegen mir eigentlich überhaupt nicht, aber mit dem »Sonderzug nach Pankow« und seinen spektakulären DDR-Reisen hat er uns damals schon begeistert.

Richard von Weizsäcker:
Als erster Bundespräsident des wiedervereinigten Deutschland war er für uns eine Persönlichkeit hoher Integrität, die die parlamentarische Demokratie und den Rechtsstaat schlechthin verkörperte.
Ich erinnere mich an seine Ansprache anläßlich des

3. Oktober 1990. Er zitierte dabei aus dem Brief einer Ostdeutschen, die die deutsche Einheit wollte, damit aber nicht ihre Vergangenheit entwertet sehen und aufgeben wollte, und machte damit deutlich, daß er auch die Probleme der Ostler sieht und begreift. Und er hat in seiner Amtszeit nicht nur dafür Verständnis gezeigt, sondern sich auch wirkungsvoll und überzeugend für die Überwindung der Probleme eingesetzt.

Roman Herzog:
Bei der letzten Bundespräsidentenwahl galt meine ganze Sympathie Johannes Rau, und ich habe die Wahl von Roman Herzog mit großer Skepsis zur Kenntnis genommen. Es hat sich aber gezeigt, daß er ein souveräner und in der jetzigen Situation national und international hilfreicher Bundespräsident ist ... Und außerdem überraschend unparteilich! Unerschrocken kritisiert er auch die Regierungspolitik der Koalition (einschließlich Kanzler), wenn es ihm nötig erscheint.

Boris Becker:
Boris Becker ist mir vertraut durch die Schwärmerei meiner Tochter, als sie dreizehn war. Eigentlich bedauere ich ihn wegen des kontinuierlichen Leistungsdrucks, unter dem er steht.

Rosa Luxemburg:
Das Haus, in dem wir seit dreißig Jahren wohnen, steht in der Rosa-Luxemburg-Straße. Gedanken, diese Straße nach der Wende umzubenennen, haben wir mit großem Erschrecken registriert. Rosa Luxemburg ist für mich eine beeindruckende Frau, eine aufrechte Kämpferin für die soziale Gerechtigkeit. Besonders bemerkenswert ist, daß sie sich als eine Frau »aus besseren Kreisen« mit beispiellosem Engagement für die Interes-

182

sen der Arbeiter eingesetzt hat. Gelegentlich wird in unserer Familie ein Ausspruch der Rosa Luxemburg über Wilhelm Pieck, den ersten Präsidenten der DDR, zitiert: »Er war mein treuster, aber dümmster Schüler.«

Wolf Biermann:

Wolf Biermann war in den sechziger Jahren mit seiner politischen Haltung und seinen Liedern fast ein Idol für uns. Wir wohnten in seinem Kiez, erlebten ihn persönlich (fast konspirativ), vor allem aber seine Lieder durch Tonbandüberspielungen, die von Hand zu Hand gingen. Wir kannten viele seiner Texte auswendig, noch heute sind sie mir geläufig. Herrlich ist auch die Platte, die er mit Wolfgang Neuss zusammen gemacht hat. Ich erinnere mich noch daran, daß ich nachts zu meinen Eltern pilgerte (wir hatten und haben keinen Fernseher), um Wolf Biermanns Auftritt in Köln im Fernsehen mitzuerleben, den Auftritt, der 1976 Anlaß seiner Ausbürgerung war. Auch wir waren empört über die Abschiebung und schickten, wie viele andere auch, Protestbriefe ...
Ich hätte mir gewünscht, daß er nach der Wende beim Zusammenkommen von Ost und West viel präsenter und bedeutender gewesen wäre.

Loriot:

Seine Art von Humor begeistert mich. Die Büchlein und Platten, die in der DDR-Zeit bei uns herausgebracht wurden, galten für uns als Geheimtip, wir kannten sie alle. Es entwickelte sich zwischen Kennern direkt eine spezielle Sprache, die nur aus Loriot-Zitaten bestand und besteht. Ein Stichwort reicht – alle wissen Bescheid und lachen. Nach der Wende habe ich ihn persönlich kennengelernt – ein origineller Mensch! ... Und als geborener Brandenburger engagiert er sich stark für die Stadt Brandenburg und die Erhaltung des Doms.

Dieter Hildebrandt:

Seit Jahrzehnten kennen und schätzen wir seinen scharfen Witz. Erst war er uns nur aus den Medien und Büchern bekannt, nach der Wende dann auch durch persönliche Kontakte. Er ist nicht nur ein geistreicher und sympathischer Mensch, noch dazu mit netter Familie, sondern auch ein wirklich engagierter Streiter für soziale Gerechtigkeit! Originell ist, wenn nach einer Scheibenwischer-Sendung eine Gruppe von Menschen plaudernd beieinandersteht und alle heißen Hildebrandt – seine und meine Familie!

Zum Brandenburger Kabinett

Umweltminister Matthias Platzeck:

Matthias ist der Prototyp des Politikers, wie ich mir ihn im Verlauf der Wende vielfach gewünscht hätte: unvorbelastet, mit vielen Idealen und großem Engagement, aber realistisch genug, um auch Kompromisse zu machen.

Bauminister Hartmut Meyer:

Ein echter Kumpel, der einzige Mann vom Fach in der Runde der Bauminister in Deutschland.

Landwirtschaftsminister Edwin Zimmermann:

Ein Landwirt durch und durch. Am besten erholt er sich vom Regieren, wenn er auf seinem Trecker sitzt und sein Heu wendet. Beim Skat mit Umweltminister Platzeck werden die wesentlichen Differenzen ausgeräumt. Aber seinen Schwarzstorchbrutplatz meldet er bewußt den Naturschützern nicht, weil er meint, er schützt sie besser. Seine große rhetorische Stunde schlägt nicht im Parlament, sondern in der Bauernversammlung.

Innenminister Alwin Ziel:
Zuverlässig, redlich, ohne Aufgeregtheiten, ein echter Partner.

Finanzministerin Wilma Simon:
Die ideale Partnerin in diesem Ressort in schwierigen Zeiten. Als vormalige Sozialpolitikerin ist sie vom Fach und weiß, an welchen Stellen man wirklich nicht mehr sparen kann – und sie hilft bei der Suche nach Alternativen.

Justizminister Hans Otto Bräutigam:
Eine Persönlichkeit, die meine großen Vorbehalte gegenüber »diplomatischem Verhalten« ins Wanken bringen könnte... Wenn uns Neubürgern manchmal der Glaube an die parlamentarische Demokratie abhanden zu kommen droht, dann kann er schon durch seine Person überzeugen. Er ist der Inbegriff des Demokraten.
(Gespräch im November 1996)

Eigeninitiative

»Bloß nicht aufgeben – würde ich allen empfehlen. Bloß nicht aufgeben heißt, man findet sich nicht ab, man läßt sich auch nicht ins Bockshorn jagen. Sondern man sieht zu, wie man es anders hinkriegt, damit man doch noch ein besseres Ergebnis hat.«
(*Deutschlandfunk,* Zwischentöne, 6. 2. 1994)

»Für mich ist immer das wichtigste, daß man dranbleibt. Dit, sag' ick immer, ist wie früher. Da konnten Se auch nur, wenn Se überhaupt was erreichen wollten, nur dadurch was erreichen, daß Se sich selber in allen Facetten drum jekümmert haben, daß dit ooch wat

wird. Und so müssen wir's heute wieder machen. Den Leuten auf die Füße treten, auch den Ministerien, wenn es denn nicht klappt. Und zur Not, kann ich nur empfehlen, den Grundstein legen.«
(*Radio Brandenburg,* Markt kontrovers, 19. 10. 1993)

Auf DGB-Maifeier:
Angesichts der Bonner Sparpläne forderte Regine Hildebrandt: »Ihr seid mir noch viel zu ruhig, ihr müßt kämpfen. Denkt ihr, ich mache hier das Kulturprogramm für euch? Ihr müßt kämpfen!«
(*Frankfurter Stadtbote,* 2. 5. 1996)

»Man muß Ziele haben. Wenn man gleich sagt, dat klappt nich', dann klappt det auch nich'.«
(*Kreisnachrichten Calw,* 16. 4. 1994)

Gemeinschaft

»Ich glaube, daß gute Gemeinschaft mit anderen das wichtigste im Leben ist, deswegen mein Rat: Tun Sie alles dafür, daß Sie gute Partner in Familie, Freundes- und Kollegenkreis finden – und daß unsere Gesellschaft insgesamt solidarischer wird.«
(Brief an Frau F. vom 19. 4. 1996)

»Wichtig ist, daß man Anlässe hat, sich zu freuen, mit anderen zusammenzusein, sich damit auch gegenseitig zu stützen!«
(Brief an Frau S. vom 2. 5. 1994)

»Wir haben Unternachbarn bei uns – ich wohne im Mietshaus –, die haben einen Hund. Ich sage mir selbst, wenn der Hund wieder in den Hausflur gemacht hat,

das gehört dazu. Du kannst jetzt nicht sagen, nun langt es aber, jetzt ziehst du in ein anderes Viertel, sondern es muß so sein, daß man einfach den Menschen hilft, mit Geduld und Liebe und dem Hinweis, nun müssen Sie wirklich mit dem Hund einmal rausgehen, nehmen Sie ihn doch an die Leine, wenn er sonst sein Geschäft immer schon im Hausflur erledigt hat, ehe Sie unten sind. Mit ein paar praktischen Ratschlägen versuche ich, den Menschen zu helfen. Ja, wenn die unter sich wären und da jeder Hund in den Hausflur macht, dann ist es natürlich vorbei. Die Integration ist die Möglichkeit, damit fertig zu werden, die Isolation nicht – und diese Gesellschaft ist eine Isolationsgesellschaft. Alles, was ich an Sozialpolitik im Lande mache, hat zum Ziel, dagegen anzugehen.«
(Referat vor der Evangelisch-lutherischen Landeskirche in Braunschweig, 23. 1. 1995)

»Ich wünsche Ihnen von Herzen, daß Sie sich ganz intensiv an allem freuen können, was schön ist in Ihrer Familie, und nur so wenig wie möglich ärgern über das, was nicht schön ist. Und ich wünsche Ihnen, daß Ihre Toleranz lange vorhält!«
(Brief an Frau L. vom 15. 12. 1995)

Ehe und Beziehungen

»Wir leben in einer Zeit der beliebigen Unverbindlichkeiten, niemand will sich festlegen, weder in bezug auf die Ehe – eheliche Treue gilt ja fast als absurd – noch im Freundeskreis. Man juckelt so durch die Welt. Auf mich paßt das nicht; ich hatte feste Strukturen, schon von Kindheit an, ein Leben lang.«
(*MBK*-Verlag, 26. 7. 1994)

»Man heiratet, man denkt, dit klappt, man sucht sich's aus, und wenn's dann nich' jeklappt hat, is' es ein Scheitern. Und es is' 'ne Kapitulation.«
(*SFB*, Kirchplatz: Für immer Dein, 1995)

Und dann fällt Regine Hildebrandt noch etwas ein, was sie an vielen Ehen, besonders den westdeutschen, beobachtet: dieses ewige Problematisieren und Reflektieren! Dieses ständige: Ist meine Selbstverwirklichung optimal? Bin ich mit meinen Bedürfnissen in dieser Konstellation adäquat eingebettet? Antwort der Urberlinerin auf derlei Sinnfragen: »Wenn einer immer nur ›Icke‹ schreit, dann muß er im Prinzip alleene bleiben.«
(*Stern,* 18. 11. 1993)

Fernsehen

»Die Klage, daß Kinder zuviel fernsehen, ist zwar berechtigt, trifft aber nicht den Kern. Das Haus ist nicht in Ordnung, in dem sie aufwachsen.«
(Rede vor der IMTEC, 6. 9. 1993)

Die Satellitenschüsseln, die in den neuen Ländern hunderttausendfach die Fassaden verschandeln, sind für Regine Hildebrandt der Inbegriff der Lethargie. »Die Leute sitzen nur rum und sehen fern«, klagt die Ministerin, die selber keinen Fernseher besitzt, dabei »jibt et doch so viel zu tun«.
(*Abendzeitung,* München, 22. 3. 1993)

»Ja, so sind die Medien. Die Berichterstattung gleicht der stillen Post! So sieht denn auch das Ergebnis aus.«
(Brief an Frau M. vom 25. 5. 1995)

»Haben Sie herzlichen Dank für Ihr langes, nettes Telegramm zur Sat-1-Sendung zur Familienpolitik. Ich habe mich über die Sendung vorwiegend geärgert. Man sitzt da wie Piksieben, möchte diskutieren – und erlebt, daß ununterbrochen andere Beiträge eingeblendet werden, Werbung kommt und alles mögliche andere. Aber echte Diskussionen sind da nicht erwünscht.«
(Brief an Herrn O. vom 24. 11. 1993)

»Vielen Dank für Deinen spontanen Brief zur ZAK-Sendung – ich habe mich darüber sehr gefreut. Ich war wegen des Filmbeitrages geladen wie eine Haubitze nach der Sendung, habe noch zweieinhalb Stunden mit Küppersbusch und den herbeizitierten Filmredakteuren gestritten – es war ein starkes Stück. Jetzt geht's mir schon wieder gut; ich will gerne auch von hier aus öfter mal in die Bonner Seifenblasen reinpusten!«
(Brief an Herrn von Z. vom 3. 9. 1994)

Rauchen und Trinken

»Tabakqualm ist mir ein Greuel. Rauchen ist die unsinnigste Sucht, die ich mir vorstellen kann. Alkohol macht am Anfang wenigstens noch heiter – Tabak jedoch verursacht nur Husten und schlechten Geruch.«
(Manuskript für Deutsche Journalistenschule München, 6. 12. 1994)

»Allerdings haben mich Ihre Worte zum Alkohol betroffen gemacht. Ich weiß um die Gefahren des Alkoholismus, ich habe sie im Bekanntenkreis miterlebt. Aber ich meine, daß die absurde Bemerkung zum Verdauen der ganzen Torte durch eine Pulle Schnaps mög-

lich sein muß. Auch Verdauungsschnaps, Magenbitter, Sekt für den Kreislauf und ein Likörchen für eine Geburtstagsfeier muß man erwähnen können – alles andere ist m. E. wirklichkeitsfern.«
(Brief an Frau P. vom 24. 11. 1993)

Singen

Moderator: »Wollen wir zusammen ein Lied singen?«
R. H.: »Ach, singen auch noch?«
Moderator: »Ich glaube nämlich, daß Sie eine schöne Stimme haben.«
R. H.: »Ja, dann muß das aber ziemlich transponiert werden, daß es nach unten kommt, ich bin Alt.«
Moderator: »Können Sie das transponieren?«
R. H.: »Nee. Und ohne Brille schon gar nicht. Hat denn mal jemand 'ne Brille hier? 'ne Kurzsichtigenbrille, also Alterskurzsichtigkeit. Ja? (setzt sich ans Klavier) Mit drei ›b‹! Möcht' ich mal sagen. Dis is' 'ne Gemeinheit! Haben wir nicht was in C-Dur?«
(*Hessischer Rundfunk*, Holgers Waschsalon, 4. 11. 1992)

Humorlosigkeit

Frage: »Wie benimmt man sich gegenüber Humorlosen?«
Antwort: »Versuchen, drüber hinwegzusehen. Nichts ist schlimmer, als wenn Sie verzweifelt versuchen, immer Ihre Bonmots zu plazieren, und es lacht keiner. In solchen Fällen denke ich immer, wenn jemand humorlos ist, muß man damit leben.

Vielleicht, wenn Sie mit jemandem länger zusammen sind oder verwandt sind, müssen Sie versuchen, ihn zu erziehen. Vielleicht kann man's ja auch entwickeln.«
(Talk-Show in der Klinik Bad Trissl, 18. 2. 1994)

Wahrheit

»Im Prinzip nicht von der Wahrheit abweichen. Aber man braucht ja nun nicht immer alles, was Wahrheit ist, zu jedem Zeitpunkt zu sagen.«
(*WDR*, b.trifft, 1995)

»Frage Notlüge: Wenn ich was geschenkt kriege, nehmen wir mal an, im Altenheim: Da haben sie für mich gehäkelt und gemacht und getan, und es ist ein Ausbund ... mich trifft der Schlag! Verstehen Sie, dann würde ich nicht sagen: Gott, is' dit jeschmacklos!, weil es die Wahrheit ist, sondern ich würde sagen, weil ich merke, die wollen mir 'ne Freude machen, sie haben's für mich gemacht, ich sehe die Arbeit, die da drin ist, da sag' ich natürlich: Das hat ja viel Arbeit gemacht, da haben Sie sich aber Mühe gegeben! Der erste Eindruck ist natürlich: Ach, is' dit furchtbar! Aber den sag' ick denn nich'!«
(*WDR*, b.trifft, 1995)

Hoffnung, Glauben

»Bei mir schließt Hoffnung ein, daß ich meine, etwas bewirken zu können. Insofern ist sie für mich vor allem ein ausgesprochen aktivierendes Element. Hoffnung haben heißt an Auswege glauben ... Hoffnung wirkt produktiv.«
(Gespräch mit M. Alder, 7. 6. 1993)

»Man muß auf verschiedenen Strecken unterwegs sein. Jede Persönlichkeit ruht auf mehreren Säulen. Sie braucht Kompensationsmöglichkeiten, um auch Zeiten der Hoffnungslosigkeit zu überstehen.«
(Gespräch mit M. Alder, 7. 6. 1993)

»Sanftmütig heißt nicht säuseln/lächeln/nicht ernst zu nehmen zu sein heutzutage, sanftmütig meint gewaltlos – friedfertig – einigungsbereit.«
(Friedensdekade 1994)

»Uns liegt nicht so sehr die bekennende Komponente, verstehen Sie, uns liegt mehr das Verinnerlichen und das Tun.«
(*SFB*, Kirchplatz: Für immer Dein, 1995)

> *»Sie schreiben, ich soll eine*
> *liebenswerte Ministerin bleiben, das*
> *werde ich mir ganz doll merken!«*

Noch mehr Briefe

»Liebe Schwester Gerda, eben habe ich erfahren, daß Sie das Bundesverdienstkreuz bekommen haben – da nehme ich meine letzte Karte, die nicht mehr ganz frisch geblieben ist im Auto, um Ihnen ganz herzlich zu gratulieren! Da hat's wirklich mal die Richtige getroffen!«
(Brief an Schwester Gerda vom 19. 5. 1994)

»Herzlichen Dank für Deine Geburtstagskarte und die netten Glückwünsche. Ich wollte Dir unbedingt dafür danken, weil sich Deine Grüße so angenehm von den obligatorischen Computergratulationen der anderen MdBs [Mitglieder des Bundestages], von den Mitarbeitern routiniert erledigt, unterscheiden.«
(Brief an Markus Meckel vom 24. 5. 1994)

»Herzlichen Dank für Ihren Brief (...) zum Buch ›Was ich denke‹: Ich freue mich, daß Sie es als ›so gut geworden‹ bezeichnen, weil ich selbst sehr skeptisch gegenüber ›Was ich denke‹-Produkten bin, die man am Rande, eigentlich nur zwischen laufenden Terminen und Problembewältigungsstrategien, macht.«
(Brief an Herrn H. vom 2. 10. 1994)

»Herzlichen Dank für die schöne Karte mit der gepreßten Sumpfdotterblume (nein, es ist Hahnenfuß, das muß ich schnell korrigieren als Biologin).«
(Brief an Frau H. und Frau F. vom 12. 6. 1993)

»Sie schreiben, ich soll eine liebenswerte Ministerin bleiben, das werde ich mir ganz doll merken!«
(Brief an Frau G. vom 16. 9. 1994)

»Nein, Ihr Brief ist nicht im Papierkorb gelandet; ich möchte ihn sogar persönlich beantworten: mit einem Foto von Enkelsohn Franz und mir.«
(Brief an Frau H. vom 31. 1. 1996)

Brief an Regine Hildebrandt: »Sie wollen der Demokratie dienen? In Ihrer Person, in Stolpe, in Thierse sowie Ziel (Beamtenabschaffer) sehen wir nur geldgierige, verständnislose Politiker. Das, was jetzt läuft, ist das Ergebnis des roten Filzes.«
(Brief von Herrn M. vom 4. 10. 1992)

Leserbrief an »Die Welt«: »Wenn man dieser Frau mit überschnappender Stimme und haßverzerrtem Gesicht zuhört, wie sie seit Jahren ihre Tiraden gegen den Westen losläßt – ohne Selbstbeherrschung –, dann rundet sich das Bild ab.«
(*Die Welt,* 27. 6. 1994).

Brief an Regine Hildebrandt: »Auweia, jetzt schreibe ich schon wieder, aber es wird kurz. Auf dem Flug von Frankfurt nach Peking saß ich neben zwei Amerikanern, die etwa in unserem Alter waren. Sie unterhielten sich angeregt über den Fall Stolpe. Einer war dafür, einer dagegen. Als plötzlich der Bärtige sagte: ›Aber bedenke doch, daß eine Frau Regine Hildebrandt niemals für

einen Stasimann arbeiten würde‹, habe ich mich in deren Gespräch eingemischt und gesagt, daß ich auch so denke. Der Bärtige hat sich sehr gefreut, hat gleich eine Flasche Champagner bestellt, und wir drei haben in zwölftausend Meter Höhe auf Ihre Gesundheit angestoßen. (. . .) Einer sprach gut Deutsch, aber wenn Sie im Fernsehen zu hören sind, dann kommt er leider nicht mit, es geht ihm zu schnell. Sie haben mit ihren Familien bereits zweimal die Mark Brandenburg besucht und nie den Stechlinsee gefunden . . .«
(Brief von Frau R. vom 9. 3. 1993)

Brief an Regine Hildebrandt: »Jetzt vergesse ich noch einmal alle Ministerwürde: Wenn wir beide noch unverheiratet wären, ich würde Ihnen aus dem Stand heraus einen Antrag machen! So aber bescheide ich mich mit der Bitte um ein Foto mit Autogramm.«
(Brief von Herrn M. vom 14. 11. 1994)

Brief an Regine Hildebrandt: »Wahrlich, Sie dürfen sich nicht beleidigen lassen. Wer Sie ›Ostziege‹ nennt, den möchte ich ›Ochse‹ nennen.«
Antwort: ». . . Keine Angst, da wollte mich keiner beleidigen – das war nicht böse, nur keß!«
(Brief an Frau P. vom 12. 4. 1995)

Brief an Regine Hildebrandt: »Große Sorge habe ich ja um unsere Landsleute im Osten (Ossis). (. . .) Ich fühle mich auch als Christin verpflichtet zu helfen. Nun möchte ich aber keinesfalls irgend etwas falsch machen, so daß ich deshalb folgende Fragen an Sie stellen möchte, weil ich zu Ihnen großes Vertrauen habe. Erstens: Ist es richtig und angebracht, heute wieder Päckchen nach drüben zu schicken? Zweitens: Haben Sie eventuell Tips, worüber sich die Menschen drüben besonders freuen würden?«

Antwort: »Ich glaube, für Ostdeutschland sind Pakete nicht mehr das richtige. Hier kann man sich alles ohne große Mühe kaufen, so, wie es einem am besten gefällt. Wenn Sie hier in Ostdeutschland jemandem helfen wollen, ist das besser mit einer Geldspende getan. Für Osteuropa sieht das ganz anders aus: Da sind Kleiderspenden, Genußmittel (Kaffee...) und weitgehend auch Grundnahrungsmittel (z.B. Zucker in Rumänien) angebracht!«
(Brief an Frau B. vom 8. 9. 1993)

Brief an Regine Hildebrandt: »Ich könnte Sie glatt umarmen, so mag ich Sie. Ich hab' sogar schon von Ihnen geträumt. Sie waren bei uns in Hellersdorf, sollten eine Rede halten und hatten sich den Rock bekleckert. Ich stand in Ihrer Nähe, und so baten Sie mich, Ihnen einen zu leihen. Was ich natürlich tat. Was sagen Sie dazu?«
Antwort: »Der Traum mit dem Rock ist herrlich. Mein Büroleiter bat mich, Ihnen den Rock zurückzugeben: Er hatte nur halb gelesen!«
(Brief an Frau W. vom 10. 9. 1993)

*»Regine Hildebrandt,
die Fürchterliche,
die Mütterliche«*

Schlagworte
und Meinungen

Mischung aus märkischer Mutter Teresa und weiblichem Friedrich II.
(*Berliner Morgenpost,* 8. 5. 1995)

Die Rastlose
(*Kieler Nachrichten,* 31. 1. 1994)

Programmdirektorin im Ministersessel
(*Märkische Allgemeine Zeitung,* 11. 2. 1994)

Motzkaja Ost
(*Volksstimme am Sonntag,* 13. 2. 1994)

Beliebteste Nervensäge Brandenburgs
(*Mitteldeutsche Allgemeine,* 23. 7. 1993)

Großmeisterin der Betroffenheitsschickeria
(*Volksstimme am Sonntag,* 13. 2. 1994)

Ostige Zimtzicke
(*Politik und Wirtschaft,* 10/95)

Rhetorisches Maschinengewehr der SPD
(*Rhein-Neckar-Zeitung,* 15. 11. 1995)

Schnatterinchen von Brandenburg
(*TAZ,* 9. 8. 1993)

Rhetorische Dampfwalze
(*TAZ,* 26. 9. 1994)

Schwert der Sozialbenachteiligten und Gedemütigten
(*Mitteldeutsche Allgemeine,* 23. 7. 1993)

Megaphon des ostdeutschen Neosozialimus
(*Volksstimme am Sonntag,* 13. 2. 1994)

Rächerin der Arbeitslosen
(*TAZ,* 5. 4. 1995)

Eiserne Hilde
(*Rhein-Neckar-Zeitung,* 15. 11. 1995)

ABM-Tante aus Potsdam
(*Märkische Allgemeine Zeitung,* 27. 6. 1996)

Trommlerin für soziale Rechte
(*Der Tagesspiegel,* 21. 6. 1992)

Wildebrandt
(*Bild am Sonntag,* 14. 3. 1993)

Oberlehrerin aller arglosen Ossis und herzlosen Wessis
(*Wirtschaftswoche,* 4. 10. 1991)

Eiserne Lady des Ostens
(*Der Tagesspiegel,* 29. 5. 1992)

SPD-Express aus Berlin-Mitte
(*Mitteldeutsche Allgemeine*, 23. 7. 1993)

Heilige Johanna der deutschen Einheit
(*Die Zeit*, 13. 11. 1992)

Regine Hildebrandt, die Fürchterliche, die Mütterliche
(*Märkische Allgemeine Zeitung*, 29. 9. 1993)

Regine Jammerbrandt
(*Wochenpost*, 23. 9. 1993)

Politischer Dinosaurier
(*Berliner Kurier*, September 1993)

Mutter Teresa aus Potsdam
(*Wirtschaftswoche*, 4. 10. 1991)

Königin der Arbeitsbeschaffungsmaßnahmen
(*TAZ*, 14. 5. 1991)

Die Löwin aus Brandenburg
(*Das Digest-Magazin*, März 1991)

Soziale Galionsfigur für die Ost-SPD
(*TAZ*, 30. 11. 1990)

Kodderschnauze
(*Bild am Sonntag*, 14. 3. 1993)

Wunderwaffe gegen Politikmüdigkeit und Parteien-Verdrossenheit
(*Kölner Stadt-Anzeiger*, 7. 8. 1992)

Regine Klagemauer
(*Abendzeitung*, München, 22. 3. 1993)

Krebsrote Dame, die schreit
(*Die Welt*, 5. 10. 1992)

Wirbelwind aus Brandenburg
(*Westdeutsche Allgemeine Zeitung*, 11. 1. 1994)

Maulfechter gegen Eigeninitiative und Selbständige
(Klaus Bregger auf der 39. Bundesdelegiertenversamm-
lung der Mittelstandsvereinigung der CDU/CSU,
31. 3. 1995)

Deutschlands prominenteste Schnellsprecherin
(*Westdeutsche Zeitung*, 28. 9. 1994)

Soziales Gewissen der Regierung de Maizière
(*TAZ*, 2. 10. 1990)

Glaubwürdigkeitswunder
(*Berliner Zeitung*, 27. 1. 1993)

Sozial-Neurotikerin Hildebrandt
(Klaus Bregger, 31. 3. 1995)

Die beliebteste Nervensäge, seit es Politiker gibt
(Talk-Show in der Klinik Bad Trissl, 18. 2. 1994)

Soziales Gewitter
(*Mitteldeutsche Allgemeine*, 23. 7. 1993)

Die Wilde Hilde ist das Zugpferd.
(*B. Z.*, 1. 12. 1993)

Sie ist eine echte Überzeugungstäterin.
(*Südkurier*, 2. 2. 1996)

Regine Hildebrandt ist tatsächlich, was ihr von Bonn
bescheinigt wurde – ein »Sicherheitsrisiko«.
(*Neues Deutschland*, 16. 11. 1992)

Es ist diese Mischung aus Zerberus und politischer
Betriebsnudel, die ihre Zuhörer in begeisterte Anhänger
und erbitterte Gegner teilt.
(*Frankfurter Allgemeine Zeitung*, 17. 9. 1993)

Die Frau ist für die meisten Politik zum Anfassen, pur,
ohne Schnörkel, eine »von hier« und dazu noch ein
Showtalent.
(*dpa*, 31. 8. 1994)

Während Stolpe für das Thema Stasi zuständig ist, spie-
len Sie als ostdeutsche Robin-Hood-Variante den
Rächer der Enterbten!
(*Focus*, 15. 2. 1995)

Wo sie hinspricht, wächst kein Gras mehr.
(*Bild am Sonntag*, 13. 8. 1995)

Sie ist bestimmt die einzige, die weitersprechen kann,
während sie sich die Nase schnaubt.
(*Berliner Zeitung*, 18. 10. 1993)

Wo sie auftaucht, ist Stille ein Fremdwort.
(*Südkurier*, 2. 2. 1996)

Sie ist eine Ostfrau, der die widerspenstigen Haare wie Federn vom Kopf abstehen und in deren herbem Gesicht jeder Lebensabschnitt seine Marke hinterlassen zu haben scheint.
(*Mittelbayerische Zeitung,* 7. 11. 1995)

An den eher lauten Ton ihrer eher rauhen Stimme haben wir uns gewöhnt. Wär' sie ein Mann, würde man sie einen Kerl nennen.
(*Emma,* Oktober 1991)

Sie trägt ihr Herz auf der Zunge und hat den Charme dieser Stadt: schnoddrig, offen, laut.
(*Wochenpost,* 25. 8. 1994)

Gäbe es das Wort »Tacheles« nicht, Regine Hildebrandt hätte es erfunden.
(*Neue Rheinzeitung,* 20. 4. 1995)

Regine Hildebrandt redet nicht nur schneller, als irgend jemand anderer Luft holen kann. Was sie einzigartig macht: Sie ist anrührend und zornig und komisch und leidenschaftlich und witzig, und das alles ohne Punkt und Komma in einem Aufwasch.
(*Neue Württembergische Zeitung,* 23. 6. 1995)

Die »Kassandra des Ostens« ist unbestritten das Zugpferd der SPD im Kommunalwahlkampf.
(*B. Z.,* 1. 12. 1993)

Man hätte sie auch das Maschinengewehr aus Brandenburg nennen können, so sprudelten ihre überzeugenden Worte aus ihr heraus.
(*Westdeutsche Allgemeine Zeitung,* 31. 3. 1995)

Ihre Nachteile: Etwas zu ungebremster Aktionismus. Kaum einer kann ihr nervendes Schnellsprechen lange ertragen.
(*Wochenpost*, 25. 8. 1994)

Der eigentliche Star unter den Politikern auf der Bühne war natürlich wieder Brandenburgs Sozialministerin Regine Hildebrandt, die wie eine emotionale Sprüche-Maschine ihre Sätze ins Gedächtnis der Zuhörer fräste.
(*Junge Welt*, 22. 8. 1994)

Doch um dem gequälten Applaus ein Ende zu bereiten, tritt schnell Regine Hildebrandt ans Mikrophon. (...) Sie hat hier ein Heimspiel. (...) »Jetzt kommt noch mal die Wiederholung für die Landbevölkerung«, ruft sie den Zuhörern zu. »Ich werde Ihnen das noch mal erklären, was Rudolf Scharping gesagt hat.« Regine Hildebrandt weiß, wie man hier mit den Menschen redet, und es macht ihr sichtlich Spaß, dies dem Gast vom Rhein vorzuführen. Wenn der Waigel die Arbeitslosenhilfe streiche und die Betroffenen dann auf Sozialhilfe angewiesen seien, dann sei das, als ob im Zirkus die halbe Trapeztruppe im Netz zappele. »Da muß bei Ihnen die rote Lampe angehen.« Regine Hildebrandt redet mit Händen und Füßen, hat die Zuhörer fest im Griff. »Haben Sie das kapiert?« – »Ja«, hallt die spontane Antwort vom Platz zurück. »Sie sollen für uns agitieren«, ermutigt sie ihre Anhänger. »Sagen Sie es Ihren Nachbarn und auch Ihren Kollegen weiter...« Kurz stockt Regine Hildebrandt und fügt dann hinzu: »...wenn Sie noch Arbeit haben.«
(*TAZ*, 22. 8. 1994)

Kein Manuskript, aber 75 Minuten sprechen ohne Punkt und Komma – das ist Regine Hildebrandt. Mit der

Energie eines vor dem Bersten stehenden Dampfkessels warb Brandenburgs Sozialministerin vorgestern abend bei den Wessis aus Hameln um mehr Verständnis für Lage und Denken der Menschen in Ostdeutschland.
(*Weser-Zeitung*, 10.12.1993)

Siebzig Minuten lang rast Regine Hildebrandt mit einer Stimme, die sich nicht selten selbst überholt, scheinbar atemlos durch ihre Welt; sie holt nicht mal Luft, wenn sie schnell einen Schluck Wasser kippt: Unaufhörlich redet sie, fuchtelt mit den Händen, wakkelt mit dem silbernen Kopf, doziert mit erhobenem Zeigefinger, schmeißt ihre kleine Faust nach vorne und funkelt mit den Augen.
(*Neue Zeit,* 20. 11. 1993)

Eigentlich hätte es Regine Hildebrandt gar nicht nötig zu argumentieren, sie selbst ist Argument genug. (…)
Zweitrangig ist, was sie sagt, alles kommt darauf an, wie sie es tut. Und eigentlich könnte sie nicht nur ohne Argumente, sondern auch ohne Mikrophon auskommen, wiewohl beides zur Verfügung steht.
(*Im Bilde,* Mai 1996)

Womöglich wirkt manchmal auch nur die Magie des einfachen Wortes. Denn die vordergründig spontanen Ausbrüche nach Art einer Berliner Nervensäge sind bei genauerem Hinhören ausgefeilte, griffige Formulierungen einer promovierten Akademikerin, nur eben gereinigt vom Experten-Geschwalle und direkt auf den Bauch der Zuhörer gerichtet. Wenn sie den Niedergang des brandenburgischen Gewerbes skizzieren will, dann nicht im floskelnden Wirtschaftsforscherstil, sondern

gerade heraus: »Gubener Tuche, Forster Hüte, wissen Se, na ja ...«
(*Der Tagesspiegel,* 24. 3. 1996)

Der Kraftaufwand, den andere Politiker in die Ausgestaltung ihrer Rolle stecken, fällt bei ihr flach. Auf ihren Inspektionsreisen ist sie zwölf, vierzehn Stunden am Tag sie selbst. Das merken die Leute.
(*Politik und Wirtschaft,* 10/95)

Ein älteres CDU-Mitglied aus Cloppenburg:
»Ihre sprachlichen Fähigkeiten bewundere ich, Frau Hildebrandt, aber Sie zur Frau haben möchte ich doch nicht.«
(*Ostfriesenzeitung,* 13. 10. 1993)

Ein SPD-Abgeordneter:
»Hildebrandt ist eine von der Struktur her autoritäre Persönlichkeit. Dabei hat sie gelegentlich die Effizienz eines Hamsters im Laufrad.«
(*Der Spiegel,* 11. 3. 1996)

Günter Grass:
»Natürlich wünschte ich mir von Ihrer Art von Klappe und wie Sie arbeiten und wie Sie auftreten, auf eine ganz unterlegene Art, wenn Sie im Fernsehen erscheinen und dann doch telegen sind – natürlich wünschte ich mir von Personen wie Ihnen, was die neuen Bundesländer betrifft, mindestens zehn zu Ihrer Unterstützung. Und ich sehe auch die Gefahr, daß Sie im politischen Alltagsgeschäft, eben weil Sie ziemlich allein dastehen, verbraucht werden können.«
(Manuskript des Gespräches mit Günter Grass, August 1993)

205

Rainer Kirsch:

»Das goldene Generaltabu lautet bekanntlich, ein Ossi dürfe, da er ja nun frei sei, eines allerdings nicht: Er dürfe nicht klagen, d. i. ihn betreffende ärgerliche Umstände nicht beim Namen nennen.

Dies nun tut Regine Hildebrandt, auf die ich Sie einzustimmen habe, inständig und mit charmant sandiger preußischer Atemlosigkeit.«

(Aus der Vorrede von Rainer Kirsch zu »Zur Sache: Deutschland«, Dresdner Reden, 28. 2. 1993)

Jochen Vogel:

»In diesen Jahren bist du mit und an deinen Aufgaben gewachsen und für deine ostdeutschen Landsleute weit über Brandenburg hinaus zu einer Politikerin geworden, die ihnen Mut macht und mit der sie sich identifizieren konnten und können. Identifizieren, weil dein Lebensgefühl und das ihre übereinstimmen. Weil du ihre Sprache sprichst und – ohne ihnen nach dem Mund zu reden – laut und vernehmlich das sagst, was sie fühlen und denken und weil sie dich deshalb verstehen. Auch deshalb, weil an dir nichts Glattes, Abgeschliffenes oder gar Ministerielles ist. Und eben weil du nicht nur redest, sondern auch handelst; eben dich bewegst und Dinge auch dann durchsetzt und verwirklichst, wenn sie zunächst für ganz unmöglich gehalten werden. Natürlich kannst du auch schimpfen und anderen ganz schön auf die Nerven gehen, und manchen Westler habe ich insgeheim aber mitunter auch wahrnehmbar stöhnen gehört, wenn du ihn beknietest, um etwas zu erreichen. Dein Prinzip, daß die Paragraphen für die Menschen da sind und nicht die Menschen für die Paragraphen, hat dir ja mitunter auch Probleme bereitet. Aber jeder spürte: Da kämpft eine nicht für sich und ihre Medienpräsenz; da kämpft jemand bis

an den Rand der körperlichen Leistungsfähigkeit und manchmal auch darüber hinaus, weil er seinen Mitmenschen helfen will, weil ihm ihre Not und ihre Sorgen keine Ruhe lassen.«
(Ansprache zur Präsentation des Buches »Wer sich nicht bewegt, hat schon verloren!«, 14. 11. 1996)

Carl-Dieter Spranger (CSU):
Auf einer Wahlveranstaltung in Delitzsch (Sachsen) beklagt der Bundesentwicklungsminister die politische Konstellation im Land Brandenburg mit einer Frau »Hildebrandt, die schon optisch und akustisch eine Zumutung« ist und »bei der jedes ordentliche Mannsbild freiwillig ins Männerkloster« geht.
(Zitiert nach der »Leipziger Volkszeitung«, November 1994)

Helmut Kohl:
»Stolpe teilt sich da geschickt die Arbeit – er agiert wie ein Altbischof, und fürs Grobe hat er die Dame mit dem Geschrei einer Barrikadenkämpferin der Pariser Kommune.«
(*B. Z.*, 26. 8. 1994)

»Frau Hildebrandt, die halbe Nation wird es nicht für möglich halten, daß Sie auch harmonischer Töne fähig sind!«
(Helmut Kohl am 6. 6. 1993, nachdem er sie anläßlich der Wiedereinweihung des Berliner Domes eine Bachkantate hatte singen hören)

Ohne die SPD-Frau namentlich zu nennen, spricht Kohl von einer gewissen »Dame« in Potsdam, die »die Rentner aufzuhetzen« versuche.
(*ADN*, 25. 8. 1994)

Die Herausgeberinnen

Frauke Hildebrandt (Jg. 69) studiert Publizistik, Hungarologie und Geschichte, ihre Schwester Elske (Jg. 74) Archäologie und ihre gemeinsame Freundin Roswitha Köppel (Jg. 69) hat soeben ihr Studium in Russisch und Germanistik erfolgreich beendet.

Die Autorin

Regine Hildebrandt (Jg. 41), promovierte Biologin, engagierte sich 1989 in der Bürgerbewegung »Demokratie jetzt« und wurde Mitglied in der SPD. Seit 1990 war sie Ministerin für Arbeit, Soziales, Gesundheit und Frauen des Landes Brandenburg und langjähriges Mitglied des SPD-Vorstandes. Sie war verheiratet und hatte drei Kinder und lebte in Berlin. Im November 2001 erlag sie dem Kampf gegen den Krebs.